Manfred Zach

DIE MANIPULIERTE ÖFFENTLICHKEIT

W0233700

Manfred Zach

Die manipulierte Öffentlichkeit

Politik und Medien im
Beziehungsdickicht

MUT-Verlag ∭ⅅ ASENDORF

Umschlagbild:
Deutschland-Graphik von M. Neuhaus
© Bavaria Bildagentur, Gauting b. München

1995
© by MUT-Verlag
Bahnhofstraße 1 * D-27330 Asendorf * Tel.: 04253 / 566
Alle Rechte vorbehalten
Druck und Bindearbeit:
Adam Prettenhofer GmbH + CoKG, Eystrup / Weser
Printed in Germany
ISBN 3-89182-065-8

Inhaltsverzeichnis

Vorwort

Wie Politik und Medien aufeinander einwirken, bleibt der Öffentlichkeit weithin verborgen. Der Bürger als Leser, Hörer oder Zuschauer ist nur das letzte Glied in einer langen, verschlungenen Kommunikationskette. Auf welche Weise die anschwellende Informationsflut zustande kommt, weiß er in der Regel nicht.

In einer Demokratie ist das unbefriedigend. „Demokratie ist die Staatsform, die am meisten auf Kommunikation, auf ein Höchstmaß an Öffentlichkeit und Vielfalt der Meinungen und Konkurrenz der Ideen angewiesen ist", heißt es im 1984 verabschiedeten „Programm der CDU/CSU für eine freiheitliche Informationspolitik". Alle demokratischen Parteien werden das unterschreiben können.

Die Wirklichkeit allerdings sieht oftmals anders aus. Sie ist geprägt von einem politisch-medialen Beziehungsdickicht, in dem getrickst und gekungelt, gelockt und gedroht wird. Politiker und Journalisten agieren auf der öffentlichen Meinungsbühne nach Spielregeln und Ritualen, in die das Publikum keinen Einblick hat. Es fühlt sich informiert und wird doch, häufiger als es glaubt, manipuliert.

Einige der Mechanismen transparent zu machen, mit denen Beeinflussungen erzeugt und Machtpotentiale ausgespielt werden, ist *ein* Anliegen dieses Buches. Der Hauptzweck freilich ist ein anderer: den Leser in die Lage zu versetzen, im Nachrichtenstrom, der ihn unablässig umspült, eine etwas unabhängigere und kritischere Position einnehmen zu können als zuvor. Wer über Zusammenhänge Bescheid weiß, urteilt sicherer – auch wenn noch genügend Unentdecktes bleibt, das durch die unterirdischen Informationskanäle staatlicher Presse- und Öffentlichkeitsarbeit fließt.

Eine Vielzahl von Journalisten hat mich bei meinen Recherchen mit Erfahrungsberichten und offenen Meinungsäußerungen unterstützt. Ihnen gilt mein besonderer Dank. Ihrem Wunsch, nicht namentlich genannt zu werden, bin ich selbstverständlich nachgekommen. Auch manche beispielhaft genannten Fälle wurden, soweit sie nicht allgemein bekannt sind, anonymisiert. Das Prinzip, nicht der Pranger soll interessieren.

Stuttgart, im September 1995

Manfred Zach

I.

Politik und Medien: ein moderner Circus Maximus

Millionen für E. R.

Hunderte von Lehrern, die zwischen 1975 und 1978 in den Schuldienst des Landes Baden-Württemberg übernommen worden sind, müßten einem Stuttgarter Journalisten eigentlich ein Denkmal setzen. Ihm haben sie es nämlich zu verdanken, daß sie als wohlbestallte Beamte beruhigt ihrer Pension entgegenblicken können.

Nur wissen sie das nicht. Und es käme ihnen auch nicht in den Sinn, ausgerechnet in E. R., dem – inzwischen verstorbenen – landespolitischen Redakteur der *Stuttgarter Zeitung,* den Urheber ihrer beruflichen Karriere zu suchen. Andere, bedeutendere Zeitgenossen sind für solche Ereignisse zuständig: Personalchefs in den Oberschulämtern und im Kultusministerium, Präsidenten und Minister letztlich.

Alles richtig und doch falsch. Denn die damals jedes Jahr zu Tausenden aus den Universitäten und Pädagogischen Hochschulen kommenden „Lehramtsanwärter" hätten zum Teil gar nicht mehr eingestellt werden sollen. Die Schülerzahlen waren rückläufig, die Verschuldung des Landes stieg rasant, das Mißtrauen der alleinregierenden CDU gegen die akademische Achtundsechziger-Generation, die jetzt in den Staatsdienst drängte, war groß. Andere Bundesländer hatten bereits einen Numerus Clausus für angehende Lehrer eingeführt. Nur die Besten kamen noch zum Zuge.

Wäre da nicht E. R. gewesen, der wort- und schreibgewaltige Stuttgarter Redakteur. Der hatte sich das Wohlergehen von Jungpädagogen zum persönlichen Steckenpferd gemacht. Ihm selbst war der Lehrberuf, den er ursprünglich angestrebt hatte, versagt geblieben. Die Nachgeborenen sollten es besser haben.

Also entwarf *eru,* wie sein Redaktionskürzel lautete, vor jedem neuen Einstellungstermin flammende Szenarien einer drohenden Bildungs- und Beschäftigungskatastrophe, falls nicht auch der letzte Prüfling, der gerade noch durchs Examen gerutscht war, als Lebenszeitbeamter übernommen würde. Die *Gewerkschaft Erziehung und Wissenschaft* lieferte freudig die passenden Begleitkommentare.

E. R. schrieb nicht vergebens. In der Stuttgarter Staatskanzlei sorgten seine Attacken jedesmal für bildungspolitische Aktionsschübe. Schließlich war die *Stuttgarter Zeitung* das Flaggschiff der südwestdeutschen Presse, und E. R. galt als einer der profiliertesten Vertreter seiner Zunft – ein Meinungsführer, an dem sich andere Journalisten orientierten.

Vor allem aber: Ministerpräsident Filbinger legte großen Wert darauf, trotz seiner betont konservativen Politik gerade bei liberalen Blättern gut abzuschneiden. Es war ein Stück Haßliebe im Spiel, die ihn mit dem kritischen Journalismus verband.

So beugte sich der Regierungschef über Jahre, gegen den Rat vieler Fachleute und ungeachtet der Warnungen seines Finanzministers, dem Druck einer Zeitung. In Wahlkampfbroschüren und auf Parteiveranstaltungen wurde die „bundesweit vorbildliche" Lehrer-Schülerrelation, das statistische Zahlenverhältnis von Paukern und Pennälern, als eines der Markenzeichen des „Musterländles" gefeiert.

Der Preis für diese Großzügigkeit wurde freilich verschwiegen. Geht man davon aus, daß jeder Beamte den Staat insgesamt rund drei Millionen Mark an Bezügen und Versorgungsleistungen kostet, kommen einige hundert Millionen zusammen, die das Buhlen um den journalistischen Goodwill eines einzelnen verschlungen hat. Und nicht nur das: Die Hochschul-Absolventen der achtziger Jahre, die trotz qualifizierterer Abschlüsse nicht mehr zum Zuge kamen, zahlten mit.

Aber wer rechnet schon so, wenn es um Machterhalt geht? Was bedeutet Geld gegen Gunst, was wiegen Schicksale gegen Schlagzeilen?

Im Beziehungsdickicht zwischen Politik und Medien wird mit Tricks und Manipulationen gearbeitet, finden Inszenierungen und Rituale statt, verwischen sich die Grenzlinien bis zur Unkenntlichkeit.

Die Akteure stehen zwar in getrennten Lagern, sie haben unterschiedliche Aufgaben, sie mißtrauen sich. Doch sie kommen nicht voneinander los, weil sie einander brauchen, und sei es nur, um sich bestätigt zu fühlen. Kampf und Kumpanei können wechseln, die Umklammerung bleibt.

Nur in einem Punkt decken sich die Interessen fugenlos: Nach außen hin muß alles geordnet erscheinen. Niemand soll etwas merken. Die Banalität des Alltags macht Politik und Medien zu Komplizen.

Potemkins Erben

Amerikanische Medienwissenschaftler haben einen anschaulichen Begriff geprägt. Wenn sie die Wirkungen einer öffentlichen Maßnahme auf das Publikum beschreiben wollen, sprechen sie von der *Politikarena,* in der sich Aktionen und Reaktionen abspielen.

In der Tat hat das Geschehen, das Politiker, Pressestellen und Medienvertreter häufig inszenieren, mit den Aufführungen von Artisten und Gauklern manches gemein. Neben unbestreitbarem Können stehen Illusionserzeugung und Unterhaltungswert an vorderer Stelle. Wirklichkeit ist, was die Szene zeigt.

Auf dieser Bühne einen Platz vorn an der Rampe zu ergattern, stellt das Ziel aller politischen Öffentlichkeitsarbeit dar. Ein Politiker mag noch so staunenswerte Leistungen vollbringen – tut er es außerhalb oder im Hintergrund der Arena, nimmt niemand davon Notiz. Sein Handeln hat medienpolitisch nicht mehr Gewicht, als wenn in China ein Fahrrad umfällt.

Politik und öffentliche Aufmerksamkeit sind zwei Seiten derselben Medaille. „Politische Strategien ohne Kommunikationsstrategien sind in der modernen Demokratie undenkbar", schreibt Peter Radunski, langjähriger Wahlkampfleiter der Bundes-CDU, in seinem Buch *„Wahlkämpfe. Moderne Wahlkampfführung als politische Kommunikation"* (München, 1980). „Wer eine Politik entwirft, muß auch ihre Kommunikation mit einbeziehen."

Deshalb fühlen sich selbst Amtsträger wie Bonns oberster Geheimdienstkoordinator, Staatsminister Schmidbauer, die von Berufs wegen verschwiegen sein müßten wie Trappistenmönche, immer wieder mal bemüßigt, den Weg in die Öffentlichkeit zu nehmen – auch auf die Gefahr hin, sich die Finger zu verbrennen.

Doch im politischen Geschäft gilt: Öffentlichkeit ist zwar zuweilen riskant, noch öfter aber ist sie notwendig. Es ist weniger schlimm, Fehler zu machen, als vergessen zu werden.

Die Abhängigkeit unserer Volksvertreter von den Spielregeln der Massenkommunikation ist beängstigend groß. Sie führt dazu, daß Politik sich immer mehr an den Wirkungsmechanismen der Medien ausrichtet, nach dem Motto: Die Schale ist wichtiger als der Kern. Und sie verleiht den Medien eine Machtstellung, deren Legitimation fragwürdig ist.

Presse, Rundfunk und Fernsehen formen unser Weltbild, indem sie es erschaffen. Wir leben in einer Medienumwelt, die wir für Realität halten. In Wahrheit ist sie nicht realer als das Pappszenario, das der russische Fürst Grigorij Potemkin im 18. Jahrhundert auf der Krim errichten ließ, um seiner Zarin Katharina II. den Wohlstand blühender Dörfer vorzugaukeln.

Der Mensch des Informationszeitalters sieht, hört und liest mit fremden Sinnesorganen. Tausende von Journalisten in Nachrichtenagenturen, Zeitungsredaktionen, Fernseh- und Rundfunkanstalten konstruieren für ihn jeden Tag eine neue Wirklichkeit.

Nur was die anonymen Medienmacher für wichtig, erfreulich, bedenklich oder skurril halten, findet statt. Themen, die sie „hochziehen", verändern das Bewußtsein. Meinungen, die sie suggerieren, Ängste, die sie schüren, lenken das politische Geschehen. Medienmacht ist im Kern die oligarchische Herrschaft einer berufsständisch privilegierten Klasse.

Man hat diese Zusammenhänge seit den sechziger Jahren wissenschaftlich untersucht und ist immer wieder zu vergleichbaren Ergebnissen gekommen. Der Amerikaner G. Ray Funkhouser beispielsweise publizierte 1973 eine umfangreiche Studie, in der er auf neun aktuellen Politikfeldern (dazu zählten zum Beispiel der Vietnamkrieg, Studenten- und Rassenunruhen, die Umweltverschmutzung, soziale Armut und Kriminalität) den Kontext zwischen tatsächlicher Entwicklung, Medienberichterstattung und Bevölkerungsmeinung überprüfte.

Resultat: In sieben Fällen verliefen die Ereignisse gravierend anders, als es im Medienbild zum Ausdruck kam. Nur bei zwei Problemkreisen stimmte die Sichtweise der Journalisten mit den durch statistische Daten erhärteten Sachverhalten in etwa überein. Gleichwohl glaubte die weit überwiegende Mehrzahl der Bürger in allen Fällen eher der Medienversion als den Tatsachen – und das umso entschiedener, je öfter sich die großen Nachrichtenmagazine der USA mit einem Thema befaßt hatten.

Aus Deutschland liegen ähnliche Beobachtungen vor. Erst der Medienrummel um den Ölboykott arabischer Staaten und die dadurch verursachten Panikkäufe vieler Haushalte lösten im Herbst 1973 eine kurzzeitige Versorgungskrise aus. In Wahrheit floß während des Boykotts sogar mehr Öl in die Bundesrepublik als je zuvor.

Im Frühjahr 1979, nach der Revolution iranischer Fundamentalisten, gingen die deutschen Ölimporte dagegen tatsächlich stark zurück. Weil aber die Medien in diesem Fall kein öffentliches Krisengeschrei anstimmten, änderten die Verbraucher ihr Verhalten nicht – es kam zu keinen nennenswerten Engpässen.

Vor allem politische Bewegungen, die breite journalistische Sympathien genießen und sich auf öffentliche *Public Relations*-Arbeit verstehen, profitieren von der meinungsbildenden Macht der Medien.

Kernkraftgegner konnten sich ab Mitte der siebziger Jahre, als die Auseinandersetzungen um den südbadischen Standort Wyhl begannen, auf eine Publizität stützen, die weit über ihr zahlenmäßiges und politisches Kräfteverhältnis hinausreichte. Folglich schätzte, wie das *Allensbacher Institut für Demoskopie* in zehnjährigen Befragungsreihen ermittelte, die Mehrheit der Bürger die Verteilung von Kernkraftgegnern und -befürwortern in der Bevölkerung permanent falsch ein.

Während faktisch die Befürworter bis zum Reaktorunfall in Tschernobyl 1986 deutlich in der Überzahl waren, glaubten die meisten Befragten aufgrund der öffentlichen Nachrichten- und Meinungslage von Anfang an, die Kernkraftgegner seien die stärkere Bevölkerungsgruppe.

Die „schweigende Mehrheit" hielt sich zehn Jahre lang irrtümlich für eine Minderheit, weil sie ihre Haltung in den Medien nicht oder nur in geringem Maße wiederfand. Das wiederum führte zu einer wachsenden Verunsicherung in der Sache selbst. Denn es ist schwer, seine Meinung ohne öffentlich unterstützende Resonanz auf Dauer durchzuhalten. Die meisten Menschen fürchten sich davor, in eine Außenseiterposition zu geraten und sozial isoliert zu werden.

Nach der Reaktorkatastrophe in Tschernobyl schlug dann die durch die „Schweigespirale" mürbe gewordene Pro-Kernkraft-Stimmung endgültig in eine Ablehnungsmehrheit um.

Unmittelbarer politischer Nutznießer dieser Entwicklung waren – und sind – die Grünen. Aus anfänglich kleinen Protestzirkeln hervorgegangen, konnten sie nahtlos an das Sympathie- und Aufmerksamkeitspotential der Journalisten zugunsten engagierter Atomgegner anknüpfen.

In einem medienpolitischen Huckepack-Verfahren nahmen die Grünen am öffentlichen Bedeutungszuwachs der Kernkraftdebatte teil und erweiterten den langjährig herbeigeschriebenen und -gesendeten Sinneswandel der Bürger geschickt auf allgemeine umweltpolitische Themen.

Viel zu spät merkten die etablierten Parteien, was sich da vor ihren Augen abspielte. Sie hatten die politikverändernde Kraft der Massenmedien unterschätzt und die Entwicklung von Gegenstrategien, die dem Wunsch der Bevölkerung nach Umweltschutz *und* gefahrloser Energieerzeugung entsprochen hätten, verschlafen.

Von der Schreinerwerkstatt zur David-Copperfield-Show

Journalisten erzeugen Wirklichkeiten, indem sie komplexe Vorgänge, die sich außerhalb unserer direkten Wahrnehmung ereignen, auf das Sekundenmaß einer *Tagesschau*-Meldung oder eines Zweispalters in den Morgenzeitungen „eindampfen". Sie managen die Ereignisse zu mediengerechten Konsumartikeln.

Das ist ihr Job, und daran ist zunächst nichts Schlimmes. Schließlich wüßten wir ohne diese Informationshilfen, so verkürzt und verzerrt sie auch sein mögen, kaum etwas über die Welt um uns herum.

Problematisch wird das ganze erst durch den „Arena-Effekt": Im Wissen um das Ausgeliefertsein der

16

Bürger an das Informationsmonopol der Medien und mit kalkuliertem Blick auf die Regeln journalistischen Arbeitens, produziert die Politik – und nicht nur sie – künstliche Ereigniswelten, die keinem anderen Zweck dienen, als dem Publikum Handlungsillusionen zu vermitteln.

Nicht das Bemühen um eine möglichst unverfälschte Wiedergabe des tatsächlichen Geschehens bestimmt demnach häufig die Akteure, sondern der Versuch, durch clever inszenierte *Events* einen Auftritt an der Bühnenrampe zu bekommen.

Würden alle politischen Initiativen nur um ihrer selbst willen betrieben, sähe das politische Leben der Bundesrepublik Deutschland und aller westlichen Demokratien völlig anders aus, als es uns geläufig ist.

Es gäbe unendlich weniger Reisen, Staatsempfänge, Parteiveranstaltungen, Demonstrationen, Kundgebungen, Kommissionen und Kongresse. Auch die Zahl öffentlicher Reden, Stellungnahmen, Pressekonferenzen und Parlamentsanfragen ginge erheblich zurück. Koalitionskräche und persönliche Streitereien fänden, wenn überhaupt, hinter verschlossenen Türen statt.

Dafür würde sich der zur Lösung politischer *Sach*fragen zur Verfügung stehende Zeitrahmen deutlich erhöhen, die dazu erforderlichen Mitarbeiterstäbe ließen sich drastisch verringern.

Es ist eine unbestreitbare Tatsache, daß die Bundes- und Landesregierungen der fünfziger und sechziger Jahre mit einem Bruchteil heutiger Verwaltungsapparate ausgekommen sind. Zur Begründung werden meistens die einfacheren politischen Lösungswege früherer Zeiten und eine geringere Anspruchshaltung der Bevölkerung genannt. Auch wenn daran etwas Wahres sein mag – die ausufernde Kopflastigkeit von Administrationen im Umfeld der Politik erklärt sich dadurch nicht.

Wenn heutzutage jeder Oberbürgermeister einer mittelgroßen Stadt seinen Chauffeur, seinen Persönlichen Referenten und seinen Pressereferenten hat, wenn Regierungspräsidien sich *PR*-Profis halten wie einstmals allenfalls Staatskanzleien, dann zeugt das von einer gravierenden *strukturellen* Veränderung der Politik.

Immer mehr internes Verwaltungshandeln wird von innen nach außen gestülpt, mit dem Etikett „politisch wertvoll" versehen und dem jeweiligen Amtschef zur persönlichen Profilierung beigeordnet. Politik inflationiert vom Sach- zum Kommunikationsprodukt, Verwaltung denaturiert von der Sacherledigung zum Profilmanagement.

Für das „Bohren dicker Bretter", das der große Sozialwissenschaftler Max Weber als eine der Hauptaufgaben des Politikers bezeichnet hat, braucht man wenige, aber qualifizierte Leute. Viel aufwendiger ist es schon, die Bürger davon in Kenntnis zu setzen, daß man dicke Bretter bohrt. Und noch mehr Zeit und Personal erfordert der Versuch, einer breiten Öffentlichkeit das Bohren dicker Bretter vorzutäuschen.

Wo Max Weber noch in den Maßstäben einer Schreinerwerkstatt dachte, entfalten sich heute, wenngleich mit weniger Glanz und Perfektion, die Dimensionen einer David-Copperfield-Show.

Damit soll nicht gesagt werden, daß die Show, der Effekt, das Schielen nach Medien- und Publikumsbeifall der einzige Daseinszweck politischer Betätigung sei. Nach wie vor wird viel Sach- und Fachverstand eingesetzt, um das diffizile Räderwerk einer hochkomplexen ökonomischen, ökologischen und sozialen Gesellschaft in Gang zu halten.

Aber diese Art von Realitätsbewältigung ist nur noch ein Teil dessen, was das Denken und Handeln der Mächtigen und der nach Macht Strebenden bestimmt. Immer vehementer drängt die synthetische Welt der Kameras und Mikrofone, der Aufmacher und Schlagzeilen nach vorne, immer tiefer sind die Spuren, welche die „Mediokratie" im Weichbild der Politik und in den Köpfen ihrer Protagonisten hinterläßt.

In seinem 1983 erschienenen Buch „*Politik und Publizität*" hat der Soziologe Helmut Schelsky die Politiker der modernen Mediengesellschaft als „öffentliche Halbdenker" bezeichnet, da sie bei all ihren Überlegungen die Medien und die Öffentlichkeit mindestens ebenso im Visier hätten wie die eigentlichen politischen Adressaten.

Daß diese wenig schmeichelhafte Charakterisierung nicht ganz aus der Luft gegriffen ist, zeigt das – von Journalisten aufgegriffene – Verhalten eines süddeutschen Ministerpräsidenten. Noch während er auf einem Kongreß die Eröffnungsrede hielt, ließ er seinem Pressereferenten eine wütende Notiz zukommen. Man solle, hieß es darin, sofort den Intendanten des örtlichen Rundfunksenders anrufen und nachfragen, warum das Fernsehen die Rede nicht aufnehme.

Die Antwort, die Kameras würden nebenan gerade für die nachfolgende Pressekonferenz aufgebaut, befriedigte den Politiker keineswegs. „Aus Verärgerung", so ein Redakteur des unbotmäßigen Senders, sei der Regierungschef wenige Tage später sogar einem von seiner eigenen Landesregierung für *ARD*-Intendanten veranstalteten Empfang ferngeblieben.

Ein Fall medienpolitischer Sippenhaft, bei dem allerdings fraglich ist, wer wem mehr geschadet hat.

Die Welt als Seifenoper

Warum diese allgegenwärtige, zuweilen fast groteske Medienbezogenheit der Politik?

Offenbar trauen Politiker ihren eigenen Kommunikationskanälen, die sie in Gestalt von Parteizeitungen, Wahlkreisveranstaltungen und Wahlkampfaktionen besitzen, nur wenig Durchschlagskraft zu. Und in der Tat ist das Echo auf derartige schriftliche oder mündliche *Direct mailings* in aller Regel mager.

Die langweiligen und stereotypen Jubelartikel in Parteiblättchen, meist aus der Feder hölzern reportierender Ghostwriter in Partei- und Regierungszentralen stammend, haben den Unterhaltungswert eingetüteter Mottenkugeln.

Politische Früh- und Dämmerschoppen in Wirtshaushinterzimmern interessieren nur noch wenige Getreue, die zudem nicht überzeugt zu werden brauchen, weil sie es schon sind. Öffentliche Auftritte bekannter Matadore locken die Menschen zwar auf Marktplätze, aber nicht aus der Reserve. Wie auch, wenn sie beschallt, aber nicht befragt werden?

Geradezu pfiffig ist da die Idee eines schwarzwälder Bundestagsabgeordneten, hin und wieder mit ganzen Bus- und Flugzeugladungen voll potentieller Wähler zu preisverbilligten Tourismusreisen aufzubrechen. Politikmarketing im Stil von Kaffeefahrten – das ist immerhin mal etwas Neues im Einerlei der Parteienpropaganda.

Doch generell gilt: Der persönliche Kontakt der Volksvertreter zum Volk reicht in Deutschland nicht aus, um Mehrheiten zu mobilisieren. Macht läßt sich nur noch über die Medien gewinnen. Da das Streben nach Mehrheiten für Parteien und Personen im politischen Raum aber ein *Essential* ihrer Arbeit ist, besitzt die kommunikative Brückenfunktion von Fernsehen, Rundfunk und Presse den Rang einer grundlegenden Politikvoraussetzung.

Beruflicher Erfolg und, häufig genug, persönliche Existenz eines Politikers sind demnach aufs engste mit seinem medialen Erscheinungsbild verknüpft. Der Platz auf der Bühne ist ein Lebenselexir. Die Parallelen zur Schauspielerei sind unübersehbar.

Solange die Medienlandschaft noch halbwegs „geordnet" war, gestaltete sich der Zugang zum öffentlichen Proszenium relativ leicht. Elektronische und gedruckte Medien waren nach Technik, Funktion und Reichweite eindeutig definiert. Sie bildeten eigene, geschlossene Systeme und besaßen eine überschaubare Benutzerklientel mit ziemlich konstanten Seh- und Lesegewohnheiten.

Auch die publizistische Gewaltenteilung funktionierte lange Zeit zuverlässig. Was den einen die *Springer*-Presse, war den anderen *Spiegel* und *Stern*. Merseburgers *Panorama* hier, Löwenthals *ZDF-Magazin* dort. Der medienpolitische Aktionsraum der beiden Volksparteien war zwischen zwei technischen Systemen (Elektronik und Print) und zwei Richtungen (konservativ und linksliberal) aufgeteilt.

Innerhalb des öffentlich-rechtlichen Rundfunk- und Fernsehmonopols gab es ebenfalls ein weitgehend binäres Schema „linker" und „rechter" Anstalten (zum Beispiel *Westdeutscher Rundfunk* und *Norddeutscher*

Rundfunk auf der einen, *ZDF* und *Bayerischer Rundfunk* auf der anderen Seite).

Vieles hat sich seither verändert. Nicht nur die Volksparteien sind ins Rutschen gekommen. Auch der einstmals übersichtliche Mediengarten ist politisch verwildert. Rasch aufeinanderfolgende informations- und kommunikationstechnische Neuerungen, auf die die Politik keine ordnungspolitischen Antworten geben konnte oder wollte, haben das elektronische Angebotsspektrum enorm ausgeweitet und eine Fülle privater Programmveranstalter auf den Plan gerufen. Die Besitzverhältnisse an den neuen Medien haben sich krakenartig verfilzt und werden von kapitalstarken Unternehmenskonglomeraten beherrscht.

Nur wenige Politiker können sich unter diesen Umständen noch einen echten Einfluß auf die obersten Programm-Macher in den privaten Medien beimessen. Man muß schon Helmut Kohl heißen und Kanzler sein, um bei Leo Kirchs *Sat 1* ein regelmäßiges politisches „*Zur Sache*"-Plauderstündchen sicher zu haben.

Das Gros der Politiker dagegen ist darauf angewiesen, einen Fuß in die Tür des journalistischen Mittelmanagements zu bekommen. Die Möglichkeit, Druck auszuüben, ist am ehesten noch beim öffentlich-rechtlichen Rundfunk gegeben, wo die Parteien, wie zu zeigen sein wird, über gewaltige Besitzstände verfügen.

Genauso einschneidend sind die Auswirkungen, die der kommerzialisierte Medien-Supermarkt mit seiner verwirrenden Warenvielfalt bei den Verbrauchern selbst hinterlassen hat.

Vorbei die Zeiten, da halb Deutschland andächtig vor der Glotze saß und im kollektiven Kommissarspiel Francis Durbridges „*Halstuch*" zu entknoten suchte. Der moderne Medienmensch schaltet ab, indem er umschaltet. „Abschalten können Sie woanders", heißt der verzweifelt-impertinente Werbeslogan von *ARD* und *ZDF*.

Die Wankelmütigkeit des Programmwählers ist zur Existenzbedrohung überkommener Fernsehstrukturen geworden (und zeigt im übrigen deutliche Parallelen zur Bindungslosigkeit des Parteienwählers und den daraus resultierenden Akzeptanzproblemen der Politik). Aus einer konzentrierten feierabendlichen Volksbeschäftigung mit wenigen, aber konstant nachgefragten Unterhaltungsangeboten wurde ein flüchtiges, ganztagsbegleitendes Medien-Nebenher.

In dieser Entwicklung spiegelt sich der Versuch des Menschen, seine begrenzte individuelle Verarbeitungskapazität dem ausufernden Informations- und Kommunikationsspektrum anzupassen. *Zapping* und *Grazing* sind erlernte Reaktionsmuster, um mit der überfordernden Menge gleichzeitig dargebotener Spielzeuge so fertigzuwerden, daß die Illusion umfassender Teilhabe erhalten bleibt.

Auf über sechs Stunden täglich hat sich der durchschnittliche Medienkonsum der Deutschen erhöht – viermal mehr, als sie dem persönlichen Gespräch widmen. Trotzdem können mit diesem gewaltigen Zeitaufwand, der die Massenkommunikation zur dritten lebensbestimmenden Komponente neben Arbeiten und Schlafen macht, nur etwas mehr als ein Prozent des verfügbaren Angebots von Presse, Rundfunk und Fernsehen genutzt werden.

Als Folge der immer schärferen Konkurrenz um die Aufmerksamkeit des Publikums haben sich auch die

Programminhalte verschoben. Unterhaltungswert, dramaturgische Effekte und optische Spontanreize bestimmen das Geschehen. Politische Informationen werden nur noch in homöopathischer Dosierung oder als zappeliges *Infotainment* auf dem Laufsteg schnellebiger Tagesprominenz dargeboten.

Das locker-flockige Wer und Wie verdrängt das forschende Was und Warum. Die Medienwelt tendiert zur Seifenoper. Für seriöse Politik ist in diesem kurzatmigen, grellen Spektakulum kaum mehr Platz. Sie paßt zum Medienzirkus wie eine Bachkantate auf den Jahrmarkt.

Da Politik aber auf den Zugang zu den Medien berufsnotwendig angewiesen ist, bleibt ihr im Prinzip nur die Wahl zwischen zwei Übeln: Entweder bescheidet sie sich mit einem immer kleiner werdenden Anteil am Medienmarkt, oder sie übernimmt die Theatralik und Trivialisierung, die ihr der Unterhaltungsjournalismus aufzwingt.

Nachdenkliche Vertreter der politischen Zunft haben dieses Dilemma inzwischen erkannt. So sprach der SPD-Bundestagsabgeordnete Peter Glotz Anfang 1993 in einer Vortragsreihe der Universität Bonn vom wachsenden Zwang, Politik als Theater zu inszenieren. „Ein Mann wie Kurt Schumacher", sagte er, „würde heute nicht einmal Unterbezirkssekretär werden, weil seine Art nicht mediengerecht wäre".

Auch ein Teil der Presse – und zwar, bezeichnenderweise, jene Traditionsorgane wie *Zeit, Frankfurter Allgemeine, Süddeutsche Zeitung* oder *Welt,* die auflagenmäßig selbst unter der Hinwendung zur medienpolitischen Beliebigkeit zu leiden haben – schlägt Alarm.

„Es geht", schrieb die *Süddeutsche Zeitung* am 17. März 1993 unter dem provozierenden Titel „Die Welt als Bordell", „selbst unter dem Vorwand der Information, Aufklärung oder Abschreckung, um nichts anderes als Geld und Spiele, Volksbelustigung, der moderne Circus Maximus. Und hierbei sinken die Hemmschwellen der Medien."

Nicht nur der Medien. Auch die Politik beugt sich immer bereitwilliger dem Diktat von Einschaltquoten, Scheinereignissen, Sensationsmeldungen. Marktschreierische Ankündigungen, substanzlose Vorführungen, personalisierte Hahnenkämpfe nehmen zu.

Vor die Wahl gestellt, in der Arena sang- und klanglos unterzugehen oder beim allgemeinen Gaukelspiel mitzumachen, fällt den meisten politischen Akteuren die Entscheidung nicht schwer.

II.

Türhüter und Mitspieler: die Journalisten

Die Parabel vom Türhüter

Vor dem Gesetz steht ein Türhüter. Zu diesem Türhüter kommt ein Mann vom Lande und bittet um Eintritt in das Gesetz. Aber der Türhüter sagt, daß er ihm jetzt den Eintritt nicht gewähren könne."

So beginnt Franz Kafkas berühmte Erzählung *„Vor dem Gesetz"*. Literarisch Beschlagene wissen, wie sie endet: Der Mann vom Lande stirbt nach Jahren des Wartens, ohne den begehrten Einlaß erhalten zu haben. Dabei stand das Tor stets offen, und der Türhüter ließ sich bereitwillig bestechen – aber nur, damit der Mann vom Lande nicht glaubt, etwas versäumt zu haben.

Nicht Kafka, sondern der Amerikaner David M. White führte in seiner 1950 erschienenen Fallstudie *„The Gatekeeper"* die Metapher vom Türhüter in die Medienforschung ein. Sie ist schnell in den publizistisch-wissenschaftlichen Sprachgebrauch aufgenommen worden – vielleicht auch deswegen, weil die Parallelen zum kafkaesken Geschehen unübersehbar sind.

Auch vor einer Agenturnachricht, einem Presseartikel oder einer Rundfunkmeldung stehen nämlich Türhüter: Redakteure, die darüber entscheiden, welche Partikel

27

des nahezu unendlichen Informationsflusses passieren dürfen, und welche nicht. Ergebnis: Nur ganz wenige dringen in die inneren Bezirke der Redaktionsstuben vor; und noch geringer ist die Zahl derer, die es schaffen, als gedruckte oder gesendete Botschaft tatsächlich gelesen oder gehört zu werden.

Schon der von White befragte „Mr. Gates", Redakteur eines Provinzjournals im amerikanischen Mittleren Westen, sonderte etwa neunzig Prozent dessen wieder aus, was ihm von den Nachrichtenagenturen angeboten wurde. Aber mit dieser Quote war er, gemessen an heutigen Verhältnissen, geradezu ein journalistischer Vielfraß.

Allein die *Deutsche Presse-Agentur* schwemmt täglich rund 100.000, in Spitzenzeiten bis zu 140.000 Wörter in die Redaktionen – das entspricht etwa sechshundert DIN-A4-Seiten. Andere große Agenturen wie *Reuter, Associated Press* oder *Agence France Press* liefern nicht viel weniger. Der Ausbau von fachbezogenen Spezialdiensten, die Erhöhung der Sendegeschwindigkeit und neue Übertragungswege via Kabel und Satellit weiten das Angebot zusätzlich aus.

Was davon letztlich, zwischen Anzeigen und Eigenberichten, noch Platz in einer Zeitung findet, ist nicht mehr als ein Spatz aus einem randvoll gefüllten Vogelhaus an Körnern herauszupicken vermag.

Dabei sind schon die Agenturen durchaus wählerisch in der Frage, ob etwas als Meldung taugt oder nicht. Die meiste Zeit, sagt ein langgedienter „Tischredakteur" von *dpa*, verbringe man damit, Berge von Papier „wegzudrücken", sprich in den Abfallkorb wandern zu lassen.

In den Zeitungs-, Zeitschriften- und Rundfunkredaktionen geht der Selektionsprozeß dann unbarmherzig weiter: Was Korrespondenten anbieten, muß in der Zentrale auf Interesse stoßen. Was den Fachjournalisten bewegt, muß die Hürden der Redaktionskonferenz überspringen oder die kritische Überprüfung durch Ressortleiter und Chefredaktion bestehen.

Hinzu kommt die spezifische publizistische Ausrichtung eines Presseorgans. Nicht alles, was in einer Regionalzeitung Platz findet, genügt dem elitären Selbstverständnis überregionaler Blätter. Was für große Tageszeitungen berichtenswert ist, muß noch lange nicht den von Nachrichtenmagazinen besonders geschätzten politisch-investigativen Storycharakter haben. Und nur ein verschwindender Prozentsatz des Gedruckten findet Eingang in die elektronischen Medien.

Das *agenda-setting*, die Thematisierung von Ereignissen, die erst durch die Behandlung in den Medien zu solchen werden, ist der größte Machtfaktor journalistischer Türhüter. Umgekehrt bedeutet das: Was „weggedrückt" ist, findet nicht statt. Es steht nicht auf der Tagesordnung öffentlicher Diskussionen.

Berücksichtigt man zudem, daß nur etwa dreißig Prozent der in einer Zeitung abgedruckten Nachrichten vom Durchschnittsleser überhaupt registriert werden, lautet die, vor allem für Politiker bittere, Konsequenz: Das meiste dessen, was in der Hoffnung auf öffentliche Resonanz gemacht, gesagt und geschrieben wird, bleibt auf dem langen, mit Pforten und Schleusen gespickten Kommunikationsweg unrühmlich auf der Strecke.

„Solche Schwierigkeiten", heißt es bei Kafka, „hat der Mann vom Lande nicht erwartet". Er muß erkennen, daß hinter dem ersten Türhüter weitere stehen, „einer mächtiger als der andere". Also läßt er sich auf einem Schemel nieder, wartet, wird alt und grau, und stirbt schließlich.

Hier endet die Parallele. Es ist nicht Art der Politik, still zu sterben. Aus politischer Sicht war der Mann einfach nicht clever genug, den Türhüter zu überlisten: durch Versprechungen, Belohnungen, Drohungen – oder einfach durch lebenslange Anstellung, zum Beispiel als Pressereferent.

Holz im Hafen

Nach welchen Regeln erfolgt die Selektion von Nachrichten? Dazu gibt es viel Literatur in kommunikationswissenschaftlichen Untersuchungen, journalistischen Anleitungen und *Public Relations*-Ratgebern für Führungskräfte – und ebensoviel, mitunter erstaunliches, Nichtwissen.

Insbesondere Politiker neigen dazu, Journalisten als schreibende Vollzugsorgane ihrer Verwaltungsakte, Kabinetts- und Parteibeschlüsse zu betrachten. Durchdrungen von der Wichtigkeit ihres Amtes, können sie sich nichts anderes vorstellen, als daß die Welt nur darauf warte, jeden Tag aufs neue mit ausführlichen Würdigungen ihres segensreichen Tuns beglückt zu werden. Warum nicht alle Zeitungen nach dem Muster von Amtsblättern und Staatsanzeigern aufgebaut sind, bleibt ihnen ein lebenslanges Rätsel.

Der erste baden-württembergische Ministerpräsident Reinhold Maier, einer der Stammväter der FDP, beklagte sich in seinen Memoiren lebhaft darüber, das vom Landtag beschlossene „ultraliberale" Pressegesetz habe zum journalistischen „Ausbaldowern" des Staates geführt. In ähnliche Richtung zielte Jahrzehnte später Helmut Schmidts abfällige Bemerkung über Journalisten als lästige „Wegelagerer".

Für Kurt-Georg Kiesinger stand die schreibende Zunft zwar nicht auf einer Stufe mit Ganoven, wohl aber mit Schülern. Zu Beginn einer Pressekonferenz pflegte er, wie Augen- und Ohrenzeugen berichten, zurückliegende Kommentare und Leitartikel streng zu benoten. Zumindest die landespolitischen Journalisten, mit denen Kiesinger vor seiner Wahl zum Bundeskanzler als Regierungschef des Südweststaates überwiegend zu tun hatte, ließen sich davon beeindrucken.

„Herr Ministerpräsident, dies war ein weiterer Höhepunkt der Landespolitik", lautete ein stehender Satz, mit dem der Vorsitzende der Pressekonferenz meinte, Kiesingers medienpolitisches Hochamt abschließen zu müssen.

So hätten sie's gerne, auch heute noch. Indessen: *Tempi passati,* die Zeiten sind vorbei. Mit dem Anschwellen der Informationsflut ist der Prestigepegel politischer Ämter und der Nachrichtenwert politischer Äußerungen stark gesunken. Schon muß manche(r) Bundesminister(in) darum kämpfen, von der „Journaille" überhaupt noch wahrgenommen zu werden. Bonner Staatssekretäre fallen in der Regel nur zweimal öffentlich auf: wenn sie ernannt und wenn sie entlassen werden. Abgeordnete verbuchen es bereits als Erfolg, im Lokalteil ihrer Heimatpostille bei der Hundertjahrfeier des Männergesangsvereins als anwesend registriert zu werden.

Die Personalisierung von Nachrichten, eins der klassischen journalistischen Stilmittel, verkehrt sich unter dem wachsenden mengenmäßigen Selektionsdruck immer öfter ins Gegenteil: Der eigentliche Nachrichtenfaktor besteht darin, wer schon oder noch für prominent genug gehalten wird, in den Schlagzeilen aufzutauchen. Wie im Sport zählen auch in Parteien und Fraktionen nur noch der erste, der zweite, Aufsteiger, Absteiger und Rebellen – die anderen fallen durch den Rost.

Das fördert eine neue Wettkampfgattung in der politischen Leichtgewichtsklasse: verdecktes Zuträgertum. Wer für die Früchte eigener Arbeit keine direkten publizistischen Abnehmer findet, kann immer noch versuchen, unter der Hand die Produkte von Konkurrenten madig zu machen, um dadurch seine Absatzchancen zu steigern. Durchstechereien, gezielte Indiskretionen, zugespielte Unterlagen gehören mittlerweile zu den am kräftigsten sprudelnden Quellen des journalistischen Informationsflusses.

Kein parlamentarischer Untersuchungsausschuß, aus dem nicht, Geheimhaltungspflichten hin oder her, die wichtigsten Ergebnisse vorab nach draußen sickern würden. Ob über Bonns Mitwisserschaft am Plutoniumschmuggel oder Lothar Späths gesammelte Flugreisen gestritten wurde – Journalisten mit *special connections* saßen stets unsichtbar mit am Tisch.

Was in Klausursitzungen von Parteivorständen „streng vertraulich" beraten wird, kann der geneigte Leser in der Regel schon kurz danach gedruckt zur Kenntnis nehmen. Speziell der *Spiegel* gehört insoweit zu den bestinformierten Publikationsorganen, weil er ein dichtes Informationsnetz zu Präsidiums- und Vorstandsmitgliedern aller im Bundestag vertretenen Parteien unterhält.

Sogar Helmut Kohl, der nach eigenem Bekunden kein Heft des politischen Großinquisitors Augstein anrührt, ist in den montäglichen Präsidiums- und Vorstandssitzungen doch immer schon genauestens darüber im Bilde, welche Indiskretionen aus den Führungskreisen der Union (wieder einmal) in die Dahlmannstraße 20, Sitz des Bonner *Spiegel*-Büros, getragen worden sind.

Vor Wahlen laufen die unterirdischen Informationskanäle erst so richtig voll. „Wie Holz im Hafen, an dem sich Muscheln angelagert haben, kommen alle vier Jahre geheime Akten und vertrauliche Hinweise hoch und treiben in die Redaktionen", sagt der Korrespondent einer großen Tageszeitung. Und es ist beileibe nicht nur der politische Gegner, der auf diese Weise angeschwärzt werden soll.

Manch einer, der mit seiner eigenen Parteiführung noch eine Rechnung offen hat, wartet geduldig bis zu dem Zeitpunkt, da auch die stärksten Matadore Schwächen zeigen und verwundbar sind.

So unterschiedlich das parteipolitische Kalkül sein mag, das sich hinter den jeweiligen Indiskretionen verbirgt – kaum ein Informant handelt dabei nicht auch in der Erwartung, pressepolitisch etwas für sich herausschlagen zu können. Sei es, daß sein Name im Zusammenhang mit einem demnächst zu besetzenden Amt öffentlich gehandelt, sei es, daß dies angesichts eines vor der Aufdeckung stehenden politischen Flops oder Skandals gerade verhindert werden soll: die Eigenschaft des modernen Nachrichtenstils, Ereignisse zu personalisieren, erweist sich als ein überaus effektives journalistisches Beschaffungsinstrument.

Namen sind Nachrichten, gewiß; keine Namen aber mitunter die besseren.

Ein Staatssekretär namens Hägele

Politische Prominenz ist ein wichtiges Auswahlkriterium der Türhüter im Reich der Pressefreiheit, und sie wirkt unmittelbar auf die inhaltliche Gewichtung von *news* und *facts*. Wenn Politiker, die sich ohnehin gerne für prominent halten, trotzdem häufig mit dem medialen Erscheinungsbild ihrer Aktivitäten unzufrieden sind, so liegt das in der Regel an der falschen Einschätzung der eigenen Bedeutung im Verhältnis zu dem, was sie mitzuteilen haben.

Als Faustregel gilt: Je größer die tatsächliche Prominenz eines Akteurs, umso höher der Nachrichtenwert seiner Äußerungen, auch wenn sich inhaltlich nicht viel dahinter verbergen mag. Umgekehrt wird, je tiefer jemand auf der politischen Rangskala angesiedelt ist, umso unbarmherziger nach anderen Selektionsmaßstäben wie Neuigkeitswert, Tragweite, Normabweichung, Konfliktträchtigkeit usw. verfahren.

Wenn Bundeskanzler Kohl zu einer der seltenen, von ihm selbst bestrittenen Pressekonferenzen ins Bonner Pressehaus I ruft, braucht er sich um genügend Aufmerksamkeit der Medienvertreter selbstverständlich nicht zu sorgen.

„Schon eine halbe Stunde vor dem Termin ist der Saal gerammelt voll", erzählt ein Chefredakteur. „Und dann wird jedes seiner Worte auf die Goldwaage gelegt: Warum ist er bei diesem oder jenem Satz von dem vorbereiteten Text abgewichen? Was hat es zu bedeuten, daß er einen Begriff so ungenau ausgesprochen hat, daß er fast nicht zu verstehen war oder mehrdeutig aufgefaßt werden konnte? Wollte er damit ein bestimmtes Signal setzen? Sofort setzen darüber die wildesten Spekulatio-

34

nen ein. – Dabei weiß im Grunde jeder," fügt der Journalist schmunzelnd hinzu, „daß Kohl eine ziemlich schlampige Aussprache hat und manchmal halt nur so vor sich hinnuschelt".

Von solchem exegetischem Eifer, der fast an früher übliche Interpretationskünste bei der Lektüre der *Prawda* oder des *Neuen Deutschland* erinnert, können „einfache" Politiker, insbesondere auf Landesebene, nur träumen. Ihre Pressekonferenzen werden selten von mehr als einem Dutzend Journalisten besucht. Mancher läßt sich auch nur die Pressemitteilung aushändigen und verschwindet gleich wieder – eines anderen Termins wegen oder weil er allein in der Redaktion ist und die Stellung halten muß.

Entsprechend gering ist der Bekanntheitsgrad eines durchschnittlichen Landespolitikers – ein Teufelskreis fehlender politischer Ausstrahlungskraft und schwacher publizistischer Wirkung, den zu durchbrechen Wenigen gelingt. Bei demoskopische Umfragen, die insbesondere vor Landtagswahlen von Parteien und Regierungen in Auftrag gegeben werden, erzielen die meisten Landesminister denn auch nur Bekanntheitsgrade von dreißig bis vierzig Prozent – und auch diese Zahl ist mit Vorsicht zu genießen.

Viele Befragte genieren sich nämlich zuzugeben, daß sie sogenannte Personen öffentlichen Interesses nicht kennen. Meinungsforschungsinstitute schmuggeln deshalb zuweilen fingierte Namen in die Abfrageliste, um die Quote demoskopischer Schwindler besser abschätzen zu können.

So fragte man in Baden-Württemberg jahrelang nach einem – nicht existierenden – Staatssekretär Hägele. Der

Anteil derer, die Hägele zu kennen vorgaben, lag nie unter zwanzig Prozent – und alle hatten sie, vermutlich seines vertrauenerweckenden schwäbischen Namens wegen, eine gute Meinung von ihm.

Folglich wird man Bekanntheitsquoten von unter vierzig Prozent mit „so gut wie unbekannt" gleichsetzen müssen, was der Erkenntnis der Medienwirkungsforschung entspricht, daß erst eine längere und kontinuierlich wiederholte Medienpräsenz zur Einprägung von Personen und Namen führt.

Journalisten sehen, wie die meisten Bürger auch, zwischen der Prominenz eines Politikers und dem Bedeutungsgehalt seiner Worte einen direkten Zusammenhang. Die Feststellung, daß die Arbeitslosigkeit das größte soziale Problem in Deutschland ist, taugt beim einen für die Schlagzeile auf Seite eins, beim anderen landet sie als Banalität im Papierkorb.

Neues enthält der Satz in beiden Fällen nicht. Aber sein Nachrichtenwert wird maßgeblich durch eine mit der jeweiligen Person verknüpfte Regel-Ausnahme-Vermutung bestimmt: Als wichtig eingestufte Menschen sagen in der Regel auch Wichtiges; weniger wichtige müssen das erst beweisen.

Ein Gutteil aller Überzeugungs-, Verführungs- und Pressionsversuche, die mit politischer Öffentlichkeitsarbeit verbunden sind, dient, je nach Machtstellung des Absenders, der Zementierung oder der Überwindung dieser psychologisch begründeten Kausalverknüpfung. Dabei haben es Diejenigen, die schon oben sind, naturgemäß leichter: Sie verfügen über die größeren Apparate, können mehr Informationen streuen, haben ein effizienteres Belohnungs- und Bestra-

fungsrepertoire zur Hand und genießen mehr gesell-
schaftliches Prestige.

Dies vor allem verfehlt selten seine Wirkung.

Journalisten umlagern bei Empfängen mit einer Regelmäßigkeit, auf die man Wetten abschließen kann, den
Ranghöchsten. Sie scharen sich nach Parteitagen abends
an der Hotelbar um den Vorsitzenden und bleiben sitzen,
solange er sitzen bleibt. Sie kämpfen mit allen Tricks,
um bei Politikerreisen im Flugzeug einen Sitzplatz möglichst in der Nähe des Häuptlings zugewiesen zu bekommen.

Die informatorische Ausbeute solch achselschweiß-
nahen Journalismus' ist meistens dürftig. Im Zweifel
hätte man dasselbe auch vom Staatssekretär Hägele
während eines Parkspaziergangs erfahren können.

Aber das ist nicht der Punkt. Vom Glanz, den man
meint, mit herbeigeschrieben und -gesendet zu haben,
soll etwas zurückscheinen auf die eigene Person.

„Im Grunde", sagt ein älterer Rundfunkmann nach-
denklich, „geht es bloß um eins: Politiker und Journalisten müssen sich immer wieder gegenseitig ihre Wichtigkeit bestätigen. Jeder hat seine Pfründe, und keiner
will sie aufs Spiel setzen".

Was legitimiert Journalisten?

Daß sie wichtig seien, Einfluß besitzen und Macht
ausüben, glauben die meisten Journalisten, auch wenn
nur wenige bereit sind, es zuzugeben. Nur jeder zehnte
zählte sich Anfang der achtziger Jahre bei einer reprä-
sentativen Umfrage zu den „Einflußreichen" in der Gesellschaft. Im Gegensatz zu dieser vorgeblichen Be-
scheidenheit meinten aber drei Viertel der Befragten,

kraft ihres Amtes gelegentlich oder sogar häufig politische und gesellschaftliche Mißstände beheben zu können.

Die Diskrepanz erklärt sich aus den unterschiedlichen Frageansätzen: Sich selbst als privilegiert und mächtig einzuschätzen, muß denen widerstreben, die in der Kritik von Mächtigen und Privilegierten eine ihrer wichtigsten Funktionen sehen – und das tun, erklärtermaßen, fast alle Journalisten.

Daraus aber den Schluß öffentlicher Wirkungslosigkeit zu ziehen, würde nicht nur das eigene Ego schmerzlich treffen, sondern vor allem der Überzeugung von der berufsständischen Legitimation der „Vierten Gewalt" im Staate einen schweren Schlag versetzen. Und auf das Recht, mit der eigenen subjektiven Meinung Hunderttausende oder gar Millionen von Bürgern beeinflussen zu dürfen, legen Journalisten – verständlicherweise – besonderen Wert.

Unproblematisch ist die Sache allemal nicht. „Daß ein einziger Mensch jeden Tag in einem Nu 40 000 oder 50 000 Menschen dazu bringen kann, dasselbe zu sagen und zu denken – das ist entsetzlich", notierte Sören Kierkegaard in seinen *Tagebüchern*.

So unbestritten das Grundrecht der Meinungs- und Pressefreiheit zu den Eckpfeilern einer Demokratie gehört, so wenig läßt sich konkret und präzise begründen, worin der öffentliche Informationsauftrag besteht und worauf er sich gründet.

Das Bundesverfassungsgericht hat in einer langen, nicht immer widerspruchsfreien Rechtsprechung den Grundsatz aufgestellt, die hervorgehobene Stellung der Medien rechtfertige sich aus ihrer Aufgabe, der Willensbildung des Volkes als Sprachrohr zu dienen und den Bürgern eine freie Meinungsbildung zu ermöglichen.

Indessen: Dieses idealtypische Bild fleißiger Paketverteiler am kommunikativen Transportband hat mit der Wirklichkeit wenig gemein.

Zum einen bleibt dabei die Tatsache außer Betracht, daß Journalisten durch die Auswahl und Bearbeitung von Informationen jene Nachrichtenwelt, in der ein Meinungsbildungsprozeß einsetzen kann, überhaupt erst erschaffen. Zum anderen wird, wenn Presse und Rundfunk nur als Vermittler bereits vorhandener Ansichten und Einstellungen angesehen werden, eine journalistische Neutralität fingiert, die auch bei bestem Willen nicht zu leisten ist.

Wie jeder Berufstätige, der in eine wirtschaftliche und soziale Organisation eingebunden ist, unterliegt der Journalist einer Vielzahl von Einflußnahmen, Beschränkungen und Vorgaben. Organisatorische und technische Rahmenbedingungen sind dabei noch die objektivsten, auch von außen nachvollziehbaren Zwänge im täglichen Kampf, „Neues" produzieren zu müssen.

Irgendwann abends, zum Beispiel, ist unwiderruflich Redaktionsschluß, mag die elektronische Ausstattung mit Arbeitsplatzcomputern, auf denen jede Zeitungsseite direkt gestaltet werden kann, noch so flexibel und fortschrittlich sein. Oder: Nicht die Fülle interessanter Ereignisse, sondern das täglich wechselnde Anzeigenaufkommen bestimmt letztlich darüber, wieviel Platz die einzelnen Redaktionen zur Verfügung haben.

Der frühere *Stern*-Herausgeber Henri Nannen definierte einmal, nur halb im Scherz, die Redaktion sei „diejenige Abteilung des Hauses, welche die von der Anzeigenabteilung freigelassenen Seiten zu den von der Herstellung bestimmten Terminen mit einem Stoff füllen muß, den der Vertrieb verkaufen kann".

Fallen mehrere Journalisten krankheits- oder urlaubsbedingt aus, wird der Prozentsatz der von den Agenturen übernommenen, also nicht selbst recherchierten und geschriebenen Artikel im Blatt zwangsläufig steigen.

Weniger einsichtig, aber nicht minder bedeutsam sind *inhaltliche* Richtungsfestlegungen, die seitens des Verlages oder der Chefredaktion erfolgen oder einfach aus dem traditionellen Selbstverständnis eines Mediums erwachsen.

Auch wenn direkte Weisungen die Ausnahme bilden, „ist doch klar, daß die Freiheit der Kommentierung spätestens dort aufhört, wo wirtschaftliche Interessen des Verlages berührt sind", sagt der Ressortchef einer Tageszeitung. So ist die Verflechtung von Printmedien und Privatfunk überall dort kein Thema kritischer journalistischer Erörterung, wo Presseorgane selbst an solch einem Unternehmensverbund beteiligt sind.

Auch hausgemachte wirtschaftliche Schwierigkeiten sind ein redaktionelles Tabu: Als der Vorstandsvorsitzende des *Springer*-Verlages, Jürgen Richter, auf seiner Bilanzpressekonferenz Anfang Juni 1995 die Notwendigkeit grundlegender Umstrukturierungen bei der chronisch defizitären *Welt* hervorhob, stand dies in den Wirtschaftsteilen aller großen Tageszeitungen zu lesen – außer in der *Welt*.

Meist wird die Einhaltung der vorgezeichneten „redaktionellen Linie" schon durch die Personalauswahl bei Nachfolgeregelungen und Neueinstellungen gewährleistet. Während in den öffentlich-rechtlichen Rundfunkanstalten dabei das Parteibuch nach wie vor eine große Rolle spielt, reicht es den Zeitungs- und Zeitschriftenmachern in der Regel aus, wenn das grundsätzliche „politische Strickmuster" (so besagter Ressortchef) des Schreibkandidaten stimmt.

Womöglich noch mehr Bedeutung für Ablauf und Richtung journalistischer Auswahlverfahren haben – für kaum einen Leser, Hörer oder Zuschauer unmittelbar erkennbar – die persönlichen Neigungen, Sympathien und Antipathien der *Gatekeeper*.

Der von David M. White interviewte „Mr. Gates" etwa besaß eine tiefsitzende Abneigung gegen Präsident Trumans Wirtschaftspolitik und gegen die katholische Kirche, wozu er sich auch freimütig bekannte.

Wolf Schneider, langjähriger Leiter der renommierten Hamburger Journalistenschule, berichtet in seinem spritzig geschriebenen Buch *„Unsere tägliche Desinformation"* (Hamburg, 1984) von zahlreichen anderen Marotten ihm bekannter Chefredakteure: „Der eine mag keinen Schnee, der andere keine Schafe, Windsurfer oder Papuas".

Häufiger anzutreffen ist eine ausgeprägte Aversion gegen Beamte. „Im Bildungsbereich werden dann aber oft wieder ganz andere Maßstäbe angelegt", weiß ein altgedienter landespolitischer Redakteur. „Und zwar einfach deswegen, weil viele Kollegen mit Lehrerinnen verheiratet sind."

Zahlen und Statistiken sind den meisten Journalisten, so sie nicht gerade das Börsengeschehen oder Unternehmensbilanzen zu ihrem Hobby erwählt haben, ein Graus. Eben deswegen übernehmen sie Daten und Kennziffern, die ihnen von Ministerien und Statistischen Äm-

tern frei Haus geliefert werden, mit ebenso hingebungs-
vollem wie unkritischem Eifer.

Auch Meinungsmacher orientieren sich an Mei-
nungsmachern. Es gibt unter Journalisten ein ausge-
prägtes „Rudelverhalten" und eine überproportional
große Bereitschaft, bestimmten Personen und Publikationen Meinungsführer-Qualitäten zuzuordnen.

Worüber mehrere Zeitungen berichten, das muß man
selbst ebenfalls thematisieren. Ist bei einem Ereignis das
Fernsehen zugegen, wird der Nachrichtenwert automatisch höher veranschlagt. Was *Spiegel, Focus, Stern* oder
eine der bundesweit erscheinenden Zeitungen abdrucken, genießt Vorrang.

Meldungen der *Deutschen Presseagentur* besitzen sozusagen halbamtlichen Charakter und werden allenfalls
gekürzt, aber selten hinterfragt. Spitzenjournalisten, im
Jargon „Edelfedern" genannt, dürfen schreiben, was sie
wollen – es ist immer bedeutsam.

Erstaunlich gering ist dagegen, wie verschiedene Untersuchungen gezeigt haben, die Neigung, Prioritäten
und Wertvorstellungen des zahlenden Publikums zu be-
rücksichtigen. Das *Fischer*-Lexikon „*Publizistik / Massenkommunikation*" nennt dafür drei Gründe:

„1. Journalisten haben nur geringe Kenntnisse über
Zusammensetzung, Interesse und Wünsche ihres Publikums. 2. Solche Kenntnisse gelten nur einer Minderheit
als wichtige Qualifikation ihres Berufsstandes. 3. Es gibt
eine starke Diskrepanz zwischen dem Bild, das Journalisten von ihrem Publikum haben, und ihrem Selbstbild."

Einen vierten Grund fügt Wolf Schneider in seinem
Essay „*Lingua Blablativa*" im *Spiegel-Special* 1/95 über
„Die Journalisten" hinzu: „Der Hochmut der Schreiber:

42

Gerade in den großen Blättern trifft man Redakteure, die sich abfällig über Leser äußern oder sie gönnerhaft einladen, sich durch mehrfache Lektüre nebst Benutzung von Nachschlagewerken zum Niveau des Schreibers emporzuarbeiten."

Da sei denn doch, möchte man meinen, die Sprachrohr-Hypothese des Bundesverfassungsgerichts vor!

Vom konkurrierenden Angebot herrührend, sind auch im politischen Journalismus zunehmend kommerziell ausgerichtete Profilierungsstrategien zu beobachten.

Spiegel und *Focus* etwa wetteifern darum, schon vor dem jeweiligen Erscheinungstermin mit Vorveröffentlichungen „heißer" Storys in den Nachrichtensendungen von Rundfunk und Fernsehen präsent zu sein. Sie bedienen sich damit in gleicher Weise der Medien wie Reiseveranstalter oder Autohersteller, die ihre Produkte möglichst oft durch redaktionelle Beiträge vermarktet sehen wollen, weil dies beim Konsumenten auf höhere Akzeptanz stößt und zudem weitaus billiger ist, als Werbeanzeigen zu schalten.

Selbst die *Zeit*, Inbegriff eines bis zur Langatmigkeit seriösen Journalismus', schwenkte unter dem Druck stagnierender Auflagenziffern auf das dubiose Wettbewerbskonzept, die Trennlinie zwischen Information und Werbung zu verwischen, um.

Der öffentliche „Zitierzwang", dem die Politik seit langem unterliegt, hat mithin die Medien selbst eingeholt. „Du mußt", sagt ein Rundfunkredakteur, „immer mal wieder im Pressespiegel des Senders erscheinen, sonst heißt es gleich: Was macht der eigentlich?"

Folglich versenden Presseleute die Ergebnisse ihrer Recherchen per Fax an andere Presseleute und telefonieren mit Agenturen, um sie zur Abfassung einer Meldung zu veranlassen – als seien sie um Tätigkeitsnachweise bemühte Öffentlichkeitsarbeiter von *VW* oder Theo Waigel.

Manchmal stoßen sie dabei aber auch auf eine Mauer des Schweigens – wie jener Journalist, der erst den *Bund der Steuerzahler* einschalten mußte, um seiner Entdeckung, daß ein früherer baden-württembergischer Staatssekretär zusätzlich zu einem sechsstelligen Wirtschaftsgehalt 6 000 Mark Monatspension aus seiner knapp vierjährigen Amtstätigkeit bezieht, öffentlichen Widerhall zu verschaffen.

Eine breitenwirksamere Folge dieses Selbstdarstellungskarussels ist die ausufernde Betriebsamkeit, mit der vor allem die elektronischen Medien Eigenveranstaltungen und *PR*-Aktionen durchführen.

Radrundfahrten, Rätselsendungen, Leserreisen, Clubmitgliedschaften, infantile Erwachsenenspiele, Popkonzerte und volksmusikalisch umrahmte Lederhosenorgien schießen wie Pilze aus dem Boden und verdrängen den journalistischen Informationsbereich auf schlecht plazierte Nebenbühnen – der *Circus Maximus* reproduziert sich selbst.

Angesichts solcher und anderer subjektiver Selektionsmechanismen, die mit der verfassungsgerichtlich hochgehaltenen „Willensbildung des Volkes" wenig bis nichts zu tun haben, ist die Skepsis verständlich, die dem journalistischen Legitimationsanspruch im juristischen und politikwissenschaftlichen Schrifttum häufig entgegenschlägt.

Allen Definitionsversuchen zum Trotz ist es bislang nicht gelungen, eine anerkannte, halbwegs objektivierbare Richtschnur für die Auswahl und Wertigkeit von Nachrichten zu finden.

Deshalb gibt es auch kein quasi-instanzliches politisches Aufklärungsmandat der Medien, so gerne es viele Journalisten für sich reklamieren würden. Es scheitert am unaufhebbaren Widerspruch zwischen tatsächlicher Ereigniskomplexität und medialer Ressourcenknappheit wie an der notwendigen gestaltenden Mitwirkung der „Kontrolleure".

Journalisten sind Türhüter und Zeitzeugen, keine Richter oder Staatsanwälte. Das Maximum dessen, was sie zu leisten vermögen, ist das Bemühen um „Achtung vor der Wahrheit und wahrhaftige Unterrichtung der Öffentlichkeit", wie es im Pressekodex des *Deutschen Presserats* heißt.

Das allerdings wäre, wenn es konsequent und im steten Bewußtsein eigener Unzulänglichkeit und Befangenheit umgesetzt würde, bereits ein beachtlicher Beitrag zur demokratischen Kultur im Lande. Leider mangelt es in der Praxis vielen Journalisten aber schon an der Bereitschaft, über die Bedingungen und Begrenzungen ihres Arbeitens selbstkritisch nachzudenken.

Die Fiktion, nur das zu berichten, „was ist", wird ebenso hartnäckig aufrecht erhalten wie der Glaube, publizistische Wirkungsmacht und grundgesetzlich geschützte Pressefreiheit zusammen ergäben ein faktisch und moralisch unangreifbares Wahrheitsmonopol.

Beispiele amerikanischer Presseorgane (wie *New York Times* oder *Miami Herald*), die regelmäßig redaktionelle Berichtigungen und Entschuldigungen veröffentlichen, sind in Deutschland ohne Nachahmung geblieben.

Dasselbe gilt für die Einrichtung von Leser-Ombuds-
männern, die bei nicht wenigen amerikanischen Zeitungen zur festen Institution geworden sind.

Daß gerade eine derartige Offenheit, auch Fehler und
Schwächen eingestehen zu können, ihre Glaubwürdigkeit erhöhen und das wacklige Legitimationspodest stär-
ken würde, geht deutschen Medienvertretern offensicht-
lich nur schwer in den Kopf. Wer permanent recht be-
halten und missionarisch die Welt verbessern will, kann
auf Dauer weder unabhängig noch fair sein.

So bleiben die meisten Journalisten, um gesellschaftlicher Pfründe und politischer Aufwertungsrituale willen, lieber Teil eines Systems, das sie kritisch zu begleiten vorgeben und dessen Macht- und Statussymbole sie
doch magisch anzieht.

„Der amerikanische Journalismus versteht sich als
neutraler und fairer Vermittler, der deutsche als eine politische Rolle, deren legitime Aufgabe darin besteht, das
politische Geschehen zu beeinflussen", schreibt Wolfgang Donsbach in der Studie „Beziehungsspiele – Medien und Politik in der öffentlichen Diskussion" (Gütersloh, 1993).

Welche Rolle sie am liebsten spielen würden, machte
ein zum linken Parteienspektrum zählender Journalist
bei der Verabschiedungsfeier für einen Kollegen deutlich.

„Man stelle sich vor," schwärmte er, „wir würden, statt
uns bei Tarifverhandlungen der ÖTV nächtelang vor ge-
schlossenen Türen die Zeit mit nutzlosem Warten um die
Ohren schlagen zu müssen, folgendermaßen verfahren:
DPA, Associated Press und, sagen wir, die Frankfurter
Rundschau melden übereinstimmend, die Verhand-

lungspartner hätten sich auf eine Tariferhöhung um 3,8 Prozent, rückwirkend ab April, geeinigt. Den möchte ich sehen, der das dann noch zu dementieren wagte!"

Eine beeindruckende Vision, ohne Zweifel. Übersehen wird dabei nur, daß der Wechsel vom journalistischen Türhüter zum politischen Mitspieler der größte Triumph wäre, den sich die Politik überhaupt vorstellen könnte. Endlich wären die Anstrengungen, Journalisten durch Manipulation, Kumpanei, Anbiederung, Gefälligkeiten oder auch durch Repressalien gefügig zu machen und den eigenen Spielregeln zu unterwerfen, von Erfolg gekrönt.

Die chronisch bleichwangigen und von ihren Chefs misanthropisch mißhandelten Pressereferenten in den Ministerien und Staatskanzleien bekämen ein Sonderlob und würden sogar mal wagen, schüchtern zu lächeln.

Ganz so weit, lehrt der Augenschein, ist es aber wohl doch noch nicht.

III.

Öffentlichkeitsarbeiter:
die Kulis in den Katakomben

Goldener Papierkorb

Sie arbeiten sechzig Stunden und mehr in der Woche und beziehen einen Bruchteil des Gehalts, das ihre Minister einstreichen. Sie telefonieren mit Gott und der Welt, um ihren „Meister" möglichst oft und gut in den Medien zu plazieren, und bekommen zum Dank den gesammelten Ärger der Politik über die Unbotmäßigkeit der Presse vor die Füße gekippt. Sie geben noch dem unbedarftesten Redakteur das Gefühl, eine bedeutende Person der Zeitgeschichte zu sein, und müssen sich dafür anhören, wie überflüssig sie selbst im Grunde doch sind.

Politische Öffentlichkeitsarbeiter sind die Parias im Beziehungsdickicht zwischen Politik und Medien. Während die Privatwirtschaft längst verinnerlicht hat, daß ohne eine professionelle Unternehmenskommunikation nach innen und außen nichts läuft, hegen Politiker meist die Illusion, sich selbst am besten „verkaufen" zu können, wenn sie genügend Zeit dazu hätten. Auch viele Journalisten sehen in den Pressestellen der Verwaltung nur ein Ersatzvehikel für Kontakte, die sic ohnc kommunikationspolitische Zwischenträger genauso gut oder besser zustande brächten.

49

Ein grandioser Irrtum, und ein frommer Selbstbetrug dazu. Tatsächlich stammt ein Gutteil dessen, was wir als politische Tagesration konsumieren, aus der Feder jener anonymen Nachrichtenproduzenten, die zwar selten auf der öffentlichen Schaubühne auftreten, dafür in den Katakomben der Arena aber umso emsiger zu Werke gehen. Und je abhängiger die Politik von den Medien wird, je mehr sie ihre Sachentscheidungen am vermuteten oder wirklichen publizistischen Echo orientiert, umso größer wird ihr Bedürfnis nach einem medienpolitischen Know-how, auf das man direkt zugreifen kann.

Alles wohltönende Gerede über die Notwendigkeit einer abgespeckten Verwaltung findet deshalb dort schnell ein Ende, wo die zur politischen Selbstdarstellung notwendigen Organisationseinheiten – Ministerbüros, Zentralstellen, Presseämter – berührt wären.

Die wachsen munter weiter, werden bei Regierungswechseln noch aufgestockt (man muß ja, da man nicht alle vorgefundenen Mitarbeiter gleich zum Teufel jagen kann, für einen ausreichenden Besatz mit Vertrauensleuten der eigenen politischen Couleur sorgen) und entwickeln sich nicht selten zu einem Staat im Staate, dessen Wirken von außen kaum mehr einsehbar ist.

Das war nicht immer so.

Journalisten, die bereits die Gründerjahre der Republik schreibend miterlebt haben, erinnern sich mit einer gewissen Wehmut daran, wie direkt und unkompliziert der Informationsfluß damals gewesen sei.

„Die meisten Pressestellen der Ministerien", erzählt ein heutiger Ruheständler, „waren mit *einem* Mann besetzt. Manchmal gab es überhaupt keinen Pressereferenten, das erledigte der Persönliche Referent einfach mit. Die Ministerien veröffentlichten auch keine eigenen Publikationen, ja zum Teil nicht einmal Pressemitteilungen. Ich kannte einen Pressereferenten, den wir alle hoch schätzten", erinnert er sich, „der zu uns sagte: Ihr könnt mich fragen, was Ihr wollt, und ich werde Euch stets zu helfen versuchen – aber verlangt nicht von mir, daß ich Euch auch noch die Artikel schreibe!"

Der Mann hätte heute keine Chance. Pressestellen wollen nicht nur, daß Journalisten oft, viel und positiv über den Politiker berichten, in dessen Sold sie stehen – sie sehen es auch am liebsten, wenn dies mit Worten und Zitaten geschieht, die sie schreibgerecht vorgekaut haben.

Darum werden Pressemitteilungen nach den handwerklichen Regeln des Journalismus' so formuliert, daß sie möglichst unverändert übernommen werden können. Und sie werden in einer Stückzahl produziert, die sich im Vergleich zu früher wie die unterschiedliche Streubreite von Schrotflinte und Kleinkalibergewehr ausnimmt.

Nicht wenige Journalisten vermuten dahinter Methode. „Der Massenausstoß der Pressestellen soll uns am Denken hindern", stellt ein Redakteur lapidar fest. „Das ist zumindest ein beabsichtigter Nebeneffekt."

Wenn nicht gar mehr. Denn kein Mensch kann im Ernst erwarten, daß all die offiziellen Erfolgs-, Tätigkeits-, Protest-, Bedenkens- und Zustimmungsverlautbarungen auf allgemeines Interesse stoßen. Tun sie auch nicht. Wohl aber entfalten sie, auch wenn kein Sterbenswörtchen zum Leser oder Hörer durchdringt, eine Reihe nützlicher redaktionsinterner Wirkungen:

1. Der politische Absender bringt sich bei seiner journalistischen Klientel immer wieder in Erinnerung.

2. In gewissen Intervallen wird doch etwas veröffentlicht, weil niemand Berge von Papier wegschmeißt, ohne zwischendurch von Mitleid oder schlechtem Gewissen gepackt zu werden.

3. Die Zeit, die Journalisten zum Lesen der Elaborate aufwenden müssen, können sie schon nicht zur Lektüre dessen einsetzen, was die politische Konkurrenz absondert.

4. Je mehr Themen die politischen Nachrichtenlieferanten täglich aufs Tapet bringen, umso geringer wird bei den meisten Redakteuren die Kapazität und auch die Motivation zur freien Recherche; die Seiten füllen sich ja von selbst.

Der Verlautbarungsjournalismus, das Zeitungmachen mit vorgefertigten und nur noch zu redigierenden Versatzstücken aus der Amts- und Agenturrequisite, hat rapide zugenommen. Die Folge: „Immer mehr Journalisten verlieren den Faden und den Überblick", beklagt ein Rundfunk-Studioleiter. „Die Qualität der Recherchen geht dramatisch zurück, die journalistischen Sitten verwahrlosen. War es früher noch selbstverständlich, daß ein Redakteur, der über Haushaltspolitik schrieb, auch einen Haushaltsplan lesen konnte, so ist das heute fast undenkbar. Wozu auch? Hauptsache, es wird schnell produziert und die Geschichten lesen sich knackig. Eigener Sachverstand und intensivere Nachforschungen sind da bloß hinderlich."

Den Pressestellen kommt diese Tendenz, die sie maßgeblich miterzeugt haben, noch aus einem anderen Grund entgegen. Sie stehen unter großem, dauerhaftem Leistungs- und Erfolgsdruck. Weil Politiker fast nie mit ihrem Medienbild zufrieden sind und die Schuld dafür nicht bei sich, sondern bei den Produktverkäufern suchen, müssen

die Öffentlichkeitsarbeiter ihre Kompetenz und Daseins-
berechtigung immer wieder aufs neue nachweisen.

Was liegt näher, als eine Pressemitteilung nach der anderen zu pinseln, in der der Name des Gewaltigen in der
Überschrift, am Anfang, in der Mitte und am Schluß auf-
taucht und so der erhebende Eindruck erzeugt wird, daß
sich die Welt wieder einmal nur um ihn dreht?

Der *Placebo-Effekt* verfehlt seine Wirkung auf Polit-
Primadonnen selten, und wenn man Glück hat, erbarmt
sich ja doch ein Kreisblatt des Ergusses, und der morgi-
ge Pressespiegel ist gerettet.

Spätestens an dieser Stelle ist der Hinweis vonnöten,
daß der Autor in seiner rund fünfzehnjährigen Zugehö-
rigkeit zu Presse- und Öffentlichkeitsabteilungen nicht
anders verfahren ist. Die Arbeitsweise liegt in der Natur
der Sache und läßt sich vermutlich, solange Politik und
Medien wie siamesische Zwillinge verbunden sind,
nicht ändern.

Trotzdem soll nicht verschwiegen werden, daß auch
von vereinzelten Versuchen journalistischer Gegenwehr
zu berichten ist: Als der Ausstoß unserer Pressestelle
sich in einem besonders „produktiven" Jahr der Schall-
mauer von 1 000 Pressemitteilungen näherte, verlieh uns
die Landespressekonferenz in einer ironischen Zeremo-
nie den „*Goldenen Papierkorb*".

Der Ministerialdirektor, ein herzensguter, von den
Kunstgriffen der Öffentlichkeitsarbeit jedoch weitgehend
unbeleckter Verwaltungsfachmann, faßte dies als großes
Kompliment auf. In seinem Jahresrückblick, bei dem er das
Wirken der einzelnen Abteilungen zu würdigen pflegte,
hob er lobend hervor, daß es der Pressestelle gelungen sei,
„soviele Pressemitteilungen wie noch nie" herauszugeben.

„Was weiß denn ich?"

Minister: *„Die meisten Journalisten sind solche Schwachköpfe, die würden nicht mal herauskriegen, daß heute Dienstag ist."* Pressereferent: *„Es ist Mittwoch, Herr Minister."*

Nicht dem Leben, sondern der Satiresendung *„Yes, Minister"* der **BBC** ist dieser Dialog entnommen. Über das komplizierte Verhältnis der Öffentlichkeitsarbeiter zu ihren Chefs sagt er trotzdem eine Menge aus.

Die unterschwellig bei vielen Politikern vorhandene Verachtung gegenüber journalistischen „Schwachköpfen" färbt nicht selten auch auf die Beziehung zu ihren Presseberatern ab. Diese werden als Grenzgänger zwischen dem vertrauten, politisch-administrativen und einem fremden, von teilweise bedrohlichen Mechanismen beherrschten System betrachtet und sitzen daher bei der kleinsten Panne zwischen allen Stühlen.

Ihre Aufgabe, den verschiedenartigen Außenwert politischer Aktionen nach innen verständlich zu machen, bringt sie schnell in Gegensatz zum Machtanspruch, den Minister ihren Apparaten gegenüber pflegen.

Pressereferenten haben es deshalb schwerer, im eigenen Haus an sach- oder parteipolitische Informationen heranzukommen, als man sich das gemeinhin vorstellt. Das Vorurteil, was die Pressestelle wisse, sei schon so gut wie auf dem Markt, ist nicht nur in der Verwaltung weit verbreitet. Auch Politiker trauen ihren „Pressemenschen" nur bedingt über den Weg.

So werden in Gegenwart von Angehörigen der Öffentlichkeitsabteilung so gut wie nie interne Personalien erörtert. *Names are news* – vor diesem Hintergrund halten Politiker das für sie wichtige Herrschaftsinstrument der Personalsteuerung und Kontaktpflege sorgfältig unter Verschluß.

Aber auch sachpolitische Fragestellungen werden, soweit sie sich noch im Stadium der Diskussion und Abstimmung befinden, in den Ministerien bevorzugt unter Ausschluß der Pressestellen abgehandelt.

Fast alle Minister sehen es als ausreichend an, wenn ihre Verkäufer nur das politische Endprodukt kennen – sie könnten sonst, meinen sie, in Gefahr geraten, gegenüber der Presse Schwachstellen und Ungereimtheiten eines Förderprogramms oder eines Gesetzentwurfs leichtfertig auszuplaudern. Daß desinformierte Informanten für einen Politiker ein ungleich größeres Risiko sind, begreifen Wenige.

Bei politischen Gesprächen auf „hoher Ebene" – mit Kollegen, Verbandspräsidenten, Unternehmensvorständen, Gewerkschaftsbossen, Kirchenführern – wird die Anwesenheit von Mitarbeitern der Pressestelle im Vorfeld häufig abgeblockt oder doch stark problematisiert. Was dennoch als wohlgesetztes Kommuniqué den Raum verlassen darf, hat zuvor etliche Abstimmungsprozeduren durchlaufen, deren Aufwand selten im Verhältnis zum inhaltlichen Ertrag steht.

Auch vor Auslandsreisen gehört die Festlegung, zu welchen Unterredungen der mitreisende Pressereferent zugelassen wird, zum Standardritual diplomatisch-protokollarischen Hin- und Hergefaxes. Daß der andächtig lauschende und nur mit größter Dezenz Notizen fertigende Presse-Hiwi hinterher oft mehr Mühe hat, aus dem floskelhaften Ablauf eines Höflichkeitsbesuchs eine bedeutsam klingende politische *message* zu stricken, als daß er den Verrat von Staatsgeheimnissen auf der Zunge trüge, bleibt indes auch hier festzuhalten.

Parteipolitische Gremien wie Präsidien, Partei- und Fraktionsvorstände zeigen gleichfalls ein reflexhaftes Abwehrverhalten, wenn die eigenen Regierungsmitglieder Pressereferenten mit in die Sitzung bringen. Die Tatsache, daß alle Beteiligten derselben politischen Konfession angehören, räumt die vorhandenen psychologischen Sperren keineswegs aus. Spätestens wenn interne Streitigkeiten zur Sprache kommen, schließen sich die Türen vor den „unsicheren Kantonisten".

In diesen und ähnlichen Reaktionsmustern tritt ein tiefsitzendes, instinktives Mißtrauen der Mächtigen gegenüber der Öffentlichkeit zutage. Wessen Aufgabe es ist, das politische System nach außen wenigstens ein Stück weit transparent zu machen, der bekommt zunächst einmal die gesammelten medienpolitischen Phobien der Politik stellvertretend für den Gesamtkomplex „Öffentliche Meinung" zu spüren.

Machterhaltung, so glauben viele, funktioniert eben immer noch am reibungslosesten in der hermetischen Abgeschlossenheit eines Schildkrötenpanzers.

Andererseits verkörpern Pressestellen jedoch auch die optionale Seite des Geschäfts, den Zugang zur Arena, die Chance, mithilfe spezifischer Kenntnisse Aufmerksamkeit, Anerkennung, vielleicht sogar Popularität zu erringen. Dies wiederum sind Sirenenklänge in den Ohren derer, die um die knappe Ressource „Öffentliche Beachtung" hart zu kämpfen haben.

Beides zusammen ergibt jene Rollenambivalenz, die der Beziehung zwischen Politik und Öffentlichkeitsarbeit unentrinnbar anhaftet, sie ebenso auszeichnet wie belastet. Nirgendwo sonst liegen „Hosianna!" und „Kreuziget ihn!" näher beieinander. Nirgendwo sonst schlagen Enthusiasmus und Blutsbrüderschaft so schnell in Enttäuschung, Mißtrauen und Eifersucht um.

Pressechefs bewegen sich deshalb ständig zwischen Beförderung und Entlassung. Unter „normalen" Bedingungen arbeiten sie selten.

Kein Wunder, daß die Bereitschaft, sich einem derartigen beruflichen und persönlichen Risiko auszusetzen, in Zeiten einer schwierigen Arbeitsmarktsituation schwindet.

Nach dem Eindruck vieler Journalisten hat die Eigenständigkeit der Pressereferenten in den Ministerien in den letzten Jahren abgenommen. „Sie trauen sich weniger als früher", sagt ein Bonner Korrespondent bedauernd. „Und wenn einer mal offen ist, kriegt er gleich eins auf die Mütze."

Auch inhaltliche Anregungen, Tips für das *agenda-setting* und politische Bewertungen von Sachverhalten und Zusammenhängen sind von Pressesprechern schwerer als noch in den achtziger Jahren zu bekommen. Einzig das Auswärtige Amt wird von manchen Bonner Journalisten als rühmliche Ausnahme genannt: dort erhalte man nach wie vor klar, kompetent und mit dem nötigen Hintergrund Auskunft.

„Ansonsten aber", sagt ein Chefredakteur, „liefern die meisten Pressestellen höchstens noch das Skelett für eine Recherche. Das Fleisch muß man sich woanders besorgen. Und wenn du einen Pressereferenten fragst: Was denkt der Minister zu diesem Thema?, dann kann es dir passieren, daß er achselzuckend antwortet: Fragen Sie ihn doch selbst, ich weiß es nicht!"

Fast sprichwörtlich ist unter baden-württembergischen Redakteuren die Floskel „Was weiß denn ich?" geworden, mit der ein ehemaliger Pressesprecher Neugierige abzuschmettern pflegte. Dabei handelte es sich bei dem Betreffenden nicht etwa um einen in der Verwaltung aufgewachsenen, ängstlichen Bürokraten, sondern um einen gelernten Journalisten, der viele Jahre erfolgreich als landespolitischer Korrespondent gearbeitet hatte, ehe er die Seiten wechselte.

Aus der Erfahrung, was mit einem unbedachten Wort publizistisch alles angerichtet werden kann, leitete er jedoch für sich die Konsequenz ab, lieber den Unwissenden zu mimen, als sich um Kopf und Kragen zu reden. Eine derartige Strategie führt zwangsläufig zur geheimniskrämerischen Umwölkung selbst trivialster Sachverhalte, was weder der Transparenz noch dem Verständnis demokratischer Politik gut tut.

Leider finden kommunikative Verweigerer, deren Hauptsorge das eigene Überleben ist, mehr und mehr Nachahmer. Die Neigung vieler Vorgesetzter, ihren Zorn über publizistische Mißerfolge unreflektiert an der „engsten politischen Umgebung" auszulassen, fördert das Duckmäusertum beträchtlich. Klügere Politiker freilich wissen, daß sie sich damit selbst schaden: Denn ein künstlich aufgestauter Informationsfluß versiegt nicht, er sucht sich nur neue, verschlungenere Wege.

Der fiktive *BBC*-Minister hatte demgegenüber einen ausgesprochen guten Pressereferenten, der ihm a) zu widersprechen wagte, b) die Wahrheit sagte und c) keine Nachrichtensperre über das brisante Wochentagsthema verhängte. Lebensnäher wäre aber vermutlich folgende Version gewesen:

Minister: *„Die meisten Journalisten sind solche Schwachköpfe, die würden nicht mal herauskriegen, daß heute Dienstag ist."*

Pressereferent: *„Und wir verraten es ihnen auch nicht, Herr Minister!"*

Des Kaisers neue Kleider

Mögen manche *PR*-Strategen auch nicht mehr so volltönend nach außen als Stimme ihres Herrn (oder ihrer Frau) agieren, wie man das vordem gewohnt war – als informationspolitische Menüköche mischen sie immer noch mit.

Das beginnt schon morgens, wenn der Tag jung und der Kopf des Ministers vom vorabendlichen Veranstaltungshock noch schwer ist, mit der Zusammenstellung des täglichen *Pressespiegels*.

Die Bedeutung dieser unscheinbaren behördeneigenen Medienüberblicke für das Weltbild von Politikern kann schwerlich überschätzt werden. Sie formen den Alltag unserer Regierenden nachhaltiger als Fachdebatten, Bürgergespräche und Parteiprogramme.

Im Pressespiegel begegnet dem allzeit unter Streß und Zeitdruck leidenden Amtsträger die gesellschaftliche Außenwelt der politischen Innenwelt: Medienmeinung, Lobbyistenschelte, Konkurrentenniedertracht und eigener Erfolgsnachweis in komprimiert gedruckter, mithin gültiger Form.

Möglich, daß ein Minister im Fonds seines Dienstwagens auf dem Weg zwischen Wohnung und Büro noch Muße findet, die Heimatzeitung und die *Frankfurter Allgemeine* flüchtig durchzublättern. Danach aber wird er seufzend in die prallgefüllte Aktentasche greifen, um sich auf den ersten Auftritt vorzubereiten – und dieses Termingeschäft eines in *Fast-food*-Manier Vermerke, Redemanuskripte und Beschwerdebriefe verschlingenden, zwischendurch Telefonlisten abarbeitenden Workaholics wird ihn bis in die Abend- und Nachtstunden hinein nicht mehr verlassen.

Was geschieht derweil draußen im Land? Was bewegt Bürger, Vereine und Verbände, was zettelt die Opposition an, was treiben die Ressortkollegen, was spielt sich in anderen Staaten, in wichtigen nationalen und internationalen Organisationen ab?

Der Minister weiß es nicht, muß es aber wissen – und der Pressespiegel vermittelt ihm die Illusion, über alles informiert zu sein und die Lage fest im Griff zu haben.

„Die meisten Politiker orientieren sich viel zu stark am Medienbild, das man ihnen vorsetzt", lautet die Erfahrung eines langjährigen Bonner Korrespondenten.

Die *Schwäbische Zeitung* berichtete Ende Juni 1995, der Stuttgarter Ministerpräsident Erwin Teufel habe in einer Vorstandssitzung der Landes-CDU Angriffe wegen mangelnder Aktivitäten einiger Minister mit dem Hinweis gekontert, bei einer „Zählaktion" seines Staatsministeriums seien die Regierungsmitglieder der CDU in Zeitungsartikeln „besser weggekommen" als die Mannschaft des Koalitionspartners SPD. Teufel wertete das offenbar auch als schlagenden Beweis dafür, daß die CDU-Minister im Vergleich zu ihren SPD-Kollegen erfolgreicher gearbeitet hätten.

In der schon erwähnten Studie *„Beziehungsspiele – Medien und Politik in der öffentlichen Diskussion"* wird ein ungenannter baden-württembergischer Landespolitiker mit der Aussage zitiert: „Politik wird für den Pressespiegel gemacht". Das mag übertrieben sein, beschreibt aber andererseits die Situation noch zu ungenau. Der Pressespiegel macht auch – wenn nicht *die*, so doch ein gutes Stück *der* – Politik. Er besetzt Themen, ruft Reaktionen hervor, schafft nachwirkende Stimmungen und Gemütslagen und verformt so das mediale Realitätskonstrukt zur personalen Realitätsdroge.

Vor allem langgediente Politiker laufen Gefahr, zum Opfer einer höfisch aufgeplusterten, ganz auf ihre Person zugeschnittenen Nachrichtenselektion der eigenen Pressestelle zu werden. Der ohnehin schmale Realitätsausschnitt, den die Medien bieten, wird nochmals bis zur Unkenntlichkeit verzerrt, um dem Adressaten eine permanente Mittelpunktfunktion zu suggerieren.

Dem Autor ist kein Beispiel bekannt, in dem ein politischer Pressespiegel die Gewichtung von Themen und Personen in der aktuellen Zeitungslandschaft halbwegs objektiv wiedergeben würde. Welchen Anteil die ausgewählten Artikel am Nachrichtenbild der ausgewerteten Presseorgane haben – also der Stellenwert einer Meldung – wird ebensowenig offengelegt wie der Aufmerksamkeitswert, der sich anhand ihrer Plazierung ziemlich zuverlässig bestimmen ließe.

Stattdessen verfahren die Pressestellen der Ministerien und Staatskanzleien überall in Deutschland nach demselben *Pro-domo*-Schema: Berichte über die eigene Leitfigur werden ausnahmslos auf den ersten Seiten ausgebreitet – überregionale vor regionalen, ausführliche vor weniger ausführlichen, lobende vor „neutralen" und schlechten.

Noch die verstreuteste Notiz in Wochen- und Anzeigenblättchen findet Beachtung. War der Abdruck einer

Pressemitteilung des Hauses gut, wird dies durch seitenlange Belege aus vielen Journalen dokumentiert, auch wenn die Texte identisch sind. War das Echo mager, kann schon mal optisch nachgeholfen werden, indem auch noch die „Tickermeldung" von *dpa* oder das pflichtschuldige Veröffentlichungsorgan *Staatsanzeiger* zu Pressespiegel-Ehren kommen.

Ganz anders die Behandlung des politischen Gegners. Der findet erst im hinteren Teil des Pressespiegels statt und bleibt, auch wenn die gesamte Journaille mit seiner gestrigen Pressekonferenz dreispaltig aufgemacht hat, auf wenige Quellen beschränkt. Kleinere Meldungen fallen ganz unter den Tisch. Dafür rückt öffentliche Kritik an der Opposition auf einen prominenten Vorderplatz, während positive Einlassungen und Kommentierungen wie Ostereier im übrigen Textgestrüpp versteckt sind.

Man könnte über derartige, dem Streben nach Anerkennung und Selbstbestätigung entspringende Kindereien achselzuckend hinweggehen, wäre da nicht der unerschütterliche Glaube vieler Politiker, in ihrem Pressespiegel sei objektiv alles eingefangen, was sie über ihr öffentliches Image wissen müßten.

Realitätsferne, ja Realitätsverlust sind die Folge. Der Mangel an aufrichtiger unmittelbarer Kommunikation, der sich mit der Zeit im Umfeld aller Mächtigen einstellt, erreicht gefährliche Ausmaße, wenn selbst das Medienfenster noch zugekleistert wird. Kinder, die des Kaisers neue Kleider als burleske Luftnummer enttarnen, gibt es nur im Märchen. Im Leben schwenken sie eher Fähnchen, auf Geheiß der Erwachsenen.

Als der ehemalige baden-württembergische Ministerpräsident Filbinger seiner Marinerichter-Vergangenheit wegen schon bundesweit unter Beschuß stand, dominierten in den Presseübersichten des Staatsministeriums immer noch landespolitische Erfolgsmeldungen, Kreisbesuche und Trachtenfeste. Später rückten die Rechtfertigungen und Ergebenheitsadressen von Historikern, Unternehmern und Parteigremien ins Zentrum.

Filbingers Weigerung, den Ernst der Lage zu begreifen, fand in jeder morgendlichen Lektüre ihren Strohhalm. Ähnlich war es bei Barschel, Krause, Münch und anderen Gestrauchelten. Der Bedrängte, dem die Außenwelt medial zurechtgebogen wird, sieht zuletzt in einem Zehnzeilen-Zinnsoldaten die publizistische Geisterarmee, die ihn zu retten vermag.

Bis die betrübte Pressestelle zur Rücktritts-Pressekonferenz einladen muß, um dann für den Nachfolger nach demselben bewährten Strickmuster zu Werke zu gehen.

Spaziergang im Politpark

Trotz oder vielleicht gerade wegen dieser manischen, an eine Person gekoppelten Erfolgsfixierung leisten Öffentlichkeitsarbeiter Unentbehrliches für den Aufstieg von Politikern; ja, im Sinne einer die Herstellung von Öffentlichkeit notwendig implizierenden *polis* machen sie politisch Handelnde überhaupt erst zu Politikern. Die zahlreichen Fälle zurückgetretener Amtsinhaber, von denen seit ihrer Demission nichts mehr zu hören ist, weil ihnen der gewohnte Verlautbarungsapparat fehlt, belegen es.

Nicht nur schriftliche Mitteilungen multiplizieren die Gedanken, Reden und Taten eines Politikers tausendfach. Ein dichtes Netz persönlicher Kontakte zwischen

Journalisten und Pressereferenten sowie öffentlichkeitsbezogene Maßnahmen aller Art sorgen dafür, daß amtierende Politiker eine ungleich größere Außenwirkung haben, als es ihren physischen Arbeits- und Präsenzmöglichkeiten entspricht.

So beschäftigen große Pressestellen, wie sie im Bundespresseamt (derzeit rund 750 Bedienstete), in den Bundesministerien und Staatskanzleien angesiedelt sind, Mitarbeiter, die nichts anderes tun als Grußworte ihrer Chefs für Vereinspostillen, Festschriften und Jubiläumstraktate zu verfassen.

Es ist eine wenig geliebte Arbeit, die von unteren Chargen mit Hilfe standardisierter, auf Kaninchenzüchter wie auf Kunstradfahrer anwendbarer Textbausteine fließbandartig erledigt wird – gleichwohl ist das Geschäft seiner enormen Breitenwirkung wegen unverzichtbar. Vereinsvorstände, die etwas zu feiern haben, brauchen das Grußwort eines Ministers oder Staatssekretärs mit Bild und faksimilierter Unterschrift, weil die Mitglieder das erwarten und die eigene Bedeutung mit dem Rang des Lobredners steigt.

Erheblichen Personalaufwand erfordert auch die Herausgabe von Broschüren und Prospekten. Vom unscheinbaren Faltblatt für Friseure bis zur aufwendig bebilderten Hochglanzbroschüre, die ein ganzes Land als paradiesische Insel im Strom der Mittelmäßigkeit preist, reicht der ministerielle Publikationseifer.

Als er überhand zu nehmen drohte, sah sich sogar das Bundesverfassungsgericht gezwungen, Verbotstafeln gegen die mißbräuchliche Verwendung der mit Steuergeldern finanzierten Eigenwerbung aufzustellen. Jenseits der seither geltenden Sperrfrist von sechs Monaten vor einem Wahlgang funktioniert die offiziöse Imagepolitur, mit der sich Regierungsparteien einen nicht geringen Wettbewerbsvorsprung vor ihren oppositionellen Konkurrenten verschaffen, aber immer noch bestens.

Die Verquickung von Partei- und Regierungsinteressen zählt zu den heikelsten Themen staatlich subventionierter Öffentlichkeitspflege. Sie ist auch der tiefere Grund, warum in kaum einem anderen Finanzbereich so viel verschleiert wird wie bei den Ausgaben für Druckerzeugnisse, Fotografenhonorare, Agenturkosten, Meinungsumfragen, *PR*-Aktionen und Journalistenreisen.

Festzustellen, was zum Beispiel Staatskanzleien für derartige Tätigkeiten jährlich insgesamt aufwenden, gelingt auch Rechnungshöfen und parlamentarischen Finanzausschüssen nur selten.

Die Kameralistik, das nach Sachgebieten statt Projekten gegliederte und vielfach verschachtelte öffentliche Haushaltssystem, macht die Kostenverlagerung für Veröffentlichungen aus dem eigentlich dafür vorgesehenen Etat in andere, unverfängliche Sachtitel oder persönliche Verfügungsfonds relativ leicht möglich.

Ein noch junger Zweig am dicken Kompetenzstamm der Pressestellen ist die Belieferung privater Rundfunkveranstalter mit sogenannten *O-Ton-Konserven*. Regionalsender haben oft nicht genügend Reporter, um Pressekonferenzen zu beschicken. Sie wollen jedoch für ihre Hörer zur nachrichtlichen Meldung einen kurzen Originalton des Politikers einspielen. Politische Werbeprofis machen sich das zunutze, indem sie die Statements in Eigenregie sendefähig produzieren. Per Telefon können sie dann von den Privatradios abgerufen werden.

Das Bundespresseamt ging noch einen Schritt weiter und ließ gegen Bezahlung regierungsfreundliche Kommentare „freier" Journalisten auf Band aufnehmen, um sie Rundfunkanstalten anzudienen. Laut *Spiegel-Special „TV Total"* (8/95) stellt das Bundespresseamt jährlich rund 18 000 Hörfunksendungen her, von denen die wenigsten mit Quellenangaben versehen sind.

Quantitativ überhaupt nicht zu erfassen ist die Zahl der Aufsätze und sonstigen Publikationen, die, von fremden Federn geschrieben, unter den Namen deutscher Politiker veröffentlicht werden. Der Pressestab formuliert die Beiträge entweder selbst oder redigiert die aus den Fachabteilungen der Ministerien angelieferten Textentwürfe. Und seit es zum geistigen Anspruchsprofil von Spitzenpolitikern gehört, die eigene Weltsicht auch auf dem Buchmarkt auszubreiten, werden sogar Bücher in Amtsstuben gefertigt.

Nicht nur die Amtsinhaber profitieren von vielfachen, verdeckten personellen Hilfeleistungen staatlich besoldeter Mitarbeiter. Auch die Parteien sind dringend, vor allem in Wahlkampfzeiten, auf das Wissen von Bürokraten angewiesen, um es als eigenes ausgeben zu können.

Ministerielle Pressestellen, Zentralstellen und Grundsatzabteilungen arbeiten dabei oft Hand in Hand. Da sie in einem besonderen politischen Abhängigkeitsverhältnis zum jeweiligen Minister stehen, haben sie ein natürliches Eigeninteresse am Erfolg seiner Partei. Wo wenige Prozentpunkte über Karriere oder Katapult entscheiden, wachsen Bedenken allenfalls wie Kartoffeln – unsichtbar unter der Erde.

So wandern Leistungsbilanzen der Ressorts, in den Grundsatzabteilungen zusammengestellt, wie von selbst in die Geschäftsstelle der regierenden Partei, wo sie zu Parteibroschüren aufbereitet werden. Regierungsprogramme werden unter tätiger Mitwirkung schreibfreudiger Pressereferenten in griffige Argumentationsmuster für Abgeordnete umgegossen. Wahlkampfagenturen erhalten kostenlose Formulierungshilfe für Wahlkampfzeitungen, Anzeigen und Fernsehspots ihrer parteipolitischen Auftraggeber.

Das ist, wie es ist und mag keiner Aufregung wert sein, weil es fast überall so gehandhabt wird und das Grundgesetz den Parteien immerhin *die* entscheidende Rolle im politischen Mehrheitsfindungsprozeß zuerkennt. Allerdings: Der Wettbewerbsvorsprung, den Regierungsparteien auf diese Weise gegenüber Oppositionsparteien besitzen, die nicht aus den Fleischtöpfen der Macht und der Ressourcen schöpfen können, ist beträchtlich.

Und wo verläuft die Grenze zwischen vielleicht gerade noch legitimer Selbstdarstellung und verfassungswidriger Selbstbedienung? Wohin gehören die Konzipierung von Wahlkampfstrategien, das Schreiben von Parteiprogrammen, die Redaktion von Anzeigenserien, die Abfassung und Verteilung angeblicher Leserbriefe in Staatszentralen?

Da darüber in allen politischen Hauptquartieren, gleich welcher Parteizugehörigkeit, eisern geschwiegen wird, steht zu vermuten: jedenfalls nicht mehr in jenen Teil des Politparks, zu dem jedermann Zutritt haben darf.

Auch ein anderes wichtiges Feld der Öffentlichkeitsarbeit, die Medienkontrolle, wird zumeist sorgfältig gegen allzu neugierige Einblicke von außen abgeschirmt.

Daß ein Politiker ein Anrecht darauf hat, wie jeder Bürger seinen Unmut zu äußern, wenn er sich ungerecht behandelt fühlt oder mit der Tendenz eines journalistischen Beitrags nicht einverstanden ist, bedarf keiner weiteren Begründung. Die systematische Beobachtung der Medienlandschaft allerdings, die mit einem personell gut ausgestatteten Pressestab ohne weiteres möglich ist, fördert die Neigung, gezielt Druck auszuüben, um in „auffällig" gewordenen Redaktionen politische Kursänderungen durchzusetzen.

Die öffentlich-rechtlichen Rundfunkanstalten eignen sich dafür besonders. Sowohl ihre finanzielle Abhängigkeit von staatsvertraglichen Gebührenfestsetzungen als auch der Parteieneinfluß in den Aufsichtsgremien machen sie politischen Pressionen gegenüber verwundbar.

Ein – nicht einmal besonders spektakuläres – Beispiel für viele: Als der *Süddeutsche Rundfunk* einige prominente Landespolitiker auf der Rückfahrt von einem Parteitag bei Geschwindigkeitsüberschreitungen erwischte, kam es nach Aussagen eines beteiligten Journalisten zu „amokartigen Reaktionen".

Das Fahrzeug des Kamerateams wurde von zwei Polizeifahrzeugen gestopt, die Insassen „mit vorgehaltener Maschinenpistole" zum Aussteigen gezwungen und überprüft. Der Intendant des Senders wurde von politischer Seite aufgefordert, das „unverantwortliche Verhalten" der Journalisten zu rügen und die Ausstrahlung des Beitrags in einem satirischen Monatsmagazin zu unterbinden.

Nach langen internen Auseinandersetzungen zwischen verschiedenen Hierarchieebenen des *SDR* wurde der Film dann zwar trotzdem gesendet – unter anderem deshalb, weil mittlerweile auch die *Bild*-Zeitung über den Vorfall berichtet hatte. Die Tatsache, daß auf die satirische Raserei-Recherche aber auch noch in einer „ernsten" landespolitischen Chronik hingewiesen worden war, führte zu „wochenlangem Gezerfe", das mit der schriftlichen Abmahnung der Verantwortlichen endete.

Bei keinem anderen Medium ist die Toleranzschwelle der Politik so niedrig, hört der Spaß so früh auf wie beim Fernsehen. Nirgendwo sonst wird so massiv versucht, Führungsfunktionen nach eigenem Gusto zu besetzen, mißliebige Journalisten abzuschieben (wofür sich besonders Auslandskorrespondenten-Posten eignen) und die redaktionelle Linie politischer Sendungen zu bestimmen.

In seinem Buch „Rundfunkpolitik – Der Kampf um die Macht über Hörfunk und Fernsehen" (Opladen, 1982) nennt Hans J. Kleinsteuber die Gründe dafür:

„Wer das heutige massive Interesse von Politikern aller Richtungen am Fernsehen begreifen will, muß sich vor Augen führen:

– daß kein anderes Medium eine vergleichbare lange und gleichzeitig intensive Nutzung durch den Zuschauer aufzuweisen vermag,

– daß das Fernsehen die wichtigste Quelle für aktuelle politische und allgemeine Informationen und deren erste Interpretation ist,

– daß kein Medium an die Eindringlichkeit des Fernsehens heranreicht, keines so unmittelbar und glaubwürdig wirkt,

– daß auch außerhalb der politischen Informationen das Fernsehen in Unterhaltungssendungen politische Leitbilder vermittelt, also einer der wesentlichsten Sozialisationsfaktoren darstellt."

Folglich wachen die Pressestellen mit Argusaugen darüber, ob irgendwo auf der Mattscheibe Anzeichen von Parteilichkeit, Unausgewogenheit, Benachteiligung oder Imageschädigung zu erspähen sind. In Wahlkampfzeiten, wenn die Nerven ohnehin blank liegen, nimmt die parteipolitische Sehschärfe zuweilen Dimensionen eines veritablen Telemobbings an: Dann werden Redezeit-Sekunden gezählt, Bildsequenzen auf Suggestivwirkungen hin überprüft, Zwischenmoderationen nach verdächtigen Untertönen abgeklopft, Strichlisten über die Auftrittshäufigkeit von Spitzenpolitikern geführt. Oppositionsparteien beklagen sich über mangelnde Bildschirmpräsenz, Regierungsfraktionen fühlen sich unvollständig oder tendenziös zitiert.

Irgendein Anlaß, beleidigt in die Röhre zu gucken, findet sich immer.

Clevere Katakomben-Kulis wissen freilich, daß der atmosphärische Flurschaden, den das beständige Nörgeln an Programmen hervorruft, größer ist als der politische Nutzen. Sie versuchen deshalb, ihre Hauptdarsteller auf die spezifischen Spielregeln des Telezirkus einzustimmen und sie in Talkshows und seichten Massensendungen einzuschleusen. Das Medium soll mit seinen eigenen Waffen geschlagen werden.

Daraus ist ein neuer Beruf entstanden, der in des seligen Robert Lembke Beruferaten wohl geeignet gewesen wäre, ein „Schweinderl" zu füllen: der politische Teleberater. Einstige TV-Journalisten – nicht unbedingt die erfolgreichsten – oder auch Werbeprofis machen sich daran, Politikern fernsehgerechtes Verhalten beizubringen.

Wann dem langhaarigen Kameramann (dem man nicht mal tagsüber die Tochter anvertrauen würde) jovi-

al ins schwarze Linsenloch geschaut oder dem milchge-
sichtigen Reporter (der Hemd und Hose noch am Stück
trug, als man selbst schon Politik machte) frontal und
ernst geantwortet werden muß, ist ein Lehrstoff, den die
politische Prominenz immer häufiger nachfragt.

Wohin bei Parlamentsdebatten der Blick zu schweifen
hat, wenn Staatsmännisches angesagt ist (nach oben,
über die Köpfe weg), wohin er keinesfalls schweifen
darf, wenn man bei Schreinemakers eingeladen ist (nach
unten, Richtung Beine), was Erich Böhme gerne trinkt,
wenn er nicht talkt, ob die „*Volkstümliche Hitparade*"
als populistischer Auftrittsort der „*Goldenen 1*" vorzu-
ziehen ist – für solche und ähnliche Fragen von staats-
politischem Interesse beschäftigt manche Pressestelle
inzwischen eigenes Fachpersonal.

Meist ist der Aufwand größer als der Erfolg. Denn so-
wenig sich eine charismatische Austrahlung, die den
elektronischen Verfremdungsprozeß unbeschadet übersteht, erlernen läßt, so schwierig ist es, Menschen gerade dann ihre Macken abzugewöhnen, wenn sie ange-
spannt und nervös sind.

Da schlackert der eine auch beim hundertsten Interview noch mit den Knien oder scharrt mit den Füßen, obwohl er weiß, daß er es nicht tun sollte. Ein anderer rückt,
trotz inständiger Bitten seines Beraters, jedem Fra-
gesteller so dicht auf den Pelz, als wolle er ihn erwür-
gen. Ein Dritter verwendet in jedem zweiten Satz das
schöne Wort „gewissermaßen", wieder einer beult mit
den Fäusten die Hosentaschen aus, als müsse er die Bü-
gelfalten seines Beinkleids züchtigen.

Das Unbewußte spielt der televisionären Mimikry der
Politik so manchen Streich, und das ist gut so. Ein Mi-

nisterpräsident, der aufträte wie Thomas Gottschalk, wäre schwerlich auszuhalten.

So sind die meisten Pressestellen schon froh, wenn ihr Chef während der Plenarsitzung merkt, wann das rote Lämpchen der auf ihn gerichteten Kamera leuchtet. Daß sie dann im Bild sind, haben inzwischen alle Politiker verinnerlicht. Automatisch recken sich die Hälse der Redner in die Höhe, die Körpersprache wird heftiger, die Zuhörerkulisse verbannt die Zeitungslektüre unters Pult, das fröhliche Geplauder mit dem Nachbarn verstummt.

Schade eigentlich. Es wird nicht wenige Bürger geben, denen ein Politker als Mensch wie du und ich immer noch lieber ist als ein stromlinienförmig gestylter Manipulateur.

IV.

Panoptikum
des schönen Scheins

Business as usual?

Manipulationen sind in der Publizistik weithin ein Tabu-Thema. Im ansonsten fundierten Fischer-Lexikon „*Publizistik / Massenkommunikation*" sucht man es zum Beispiel vergebens. Wolf Schneider, der beherzte Autor des Buchs „*Unsere tägliche Desinformation*", drückt sich zwar nicht um die Sache als solche, differenziert aber schon in den Kapitelüberschriften: „*Manche Journalisten manipulieren*" – „*Alle Journalisten werden benutzt*". Soll heißen: Opfer ist man als Journalist immer, Täter nur bisweilen.

Die Neigung, sich mit manipulativen Kunststücken im Rund der Arena zu befassen, ist bei keinem der Mitspieler besonders ausgeprägt. Verständlicherweise, denn zu gewinnen gibt es dabei außer dem Vorwurf der Nestbeschmutzung nichts.

In den sechziger und beginnenden siebziger Jahren war das anders. Ausgehend von grundlegenden Arbeiten amerikanischer Soziologen und Kommunikationswissenschaftler wie David Riesman (*„Die einsame Masse"*, deutsch 1958) und Charles W. Mills (*„Die amerikanische Elite"*, deutsch 1962), kam eine ebenso breite wie kritische Diskussion über die Rolle der Massenmedien im öffentlichen Informations- und Kommunikationsprozeß in Gang.

Sie weitete sich, im Kontext des Vietnamkrieges, zu einer fundamentalen Kultur- und Politikkritik aus, für die Namen wie Marcuse, Adorno, Horkheimer und Habermas stellvertretend stehen. Zeitweise gewann sie die Brisanz einer intellektuellen Revolution.

An den theoretischen und praktischen Übersteigerungen dieser hitzigen Auseinandersetzungen gerade in ihrem Endstadium mag es liegen, daß der Eifer, sich mit manipulativen Elementen politischer und medialer Kommunikation zu befassen, Anfang der siebziger Jahre ebenso rasch wieder nachließ, wie er wenige Jahre zuvor aufgeflammt war.

Weil sowieso alles auf Täuschung, Repression und Verschwörung eines politisch-ökonomischen Herrschaftskartells zu beruhen schien, hatte sachliche oder gar konstruktive Kritik für den dogmatischen Flügel der Achtundsechziger-Bewegung bald keinen Reiz mehr. Gewaltbereitschaft, die bis zum Terrorismus einiger in den Untergrund abgetauchter Meinungsführer reichte, diskreditierte den gesellschaftskritischen Ansatz zuletzt völlig.

Die Mehrheit der „Neuen Linken" kehrte in den Schoß der Bürgerlichkeit zurück und beruhigte sich mit der Tatsache, daß in Bonn immerhin ein sozialdemokratischer Kanzler regierte und die USA ihr Vietnamabenteuer unrühmlich hatten beenden müssen. Man war also nicht ganz erfolglos gewesen und konnte darangehen, mit dem System Frieden zu schließen. Die Kinder der steckengebliebenen Gesellschaftsrevolution dachten fortan in erster Linie an Karriere, ihre geistigen Väter begaben sich aufs professorale Altenteil.

Die eigentliche Pointe dieser Entwicklung liegt jedoch darin, daß die bald darauf einsetzende, viel geräuschloser und dafür umso effizienter ablaufende *technisch-industrielle* Revolution etliche der vorweggenommenen Befürchtungen bestätigt hat, ohne daß der gesellschaftliche Diskurs deswegen wieder aufgenommen worden wäre.

Computerisierung, Telekommunikation und Unterhaltungselektronik haben das manipulativ einsetzbare Anwendungsspektrum auf ungeahnte Weise vervielfacht. Medienpolitische Privatisierungen und Konzentrationen ließen für die Meinungsfreiheit bedrohliche Machtstrukturen entstehen.

Der „Eskapismus", das Entfliehen vor den Realitäten in eine schöne neue Medienwelt, ist heute ungleich verlockender als zu Zeiten der Fernsehfamilie Hesselbach, da man anfing, ihn für eine Gefahr zu halten.

Medial verherrlichte Gewalt und Obszönität dringen in einem Maße bis in die Kinderzimmer vor, wie man es sich, als über die systemstabilisierende Funktion aggressionsableitender amerikanischer Krimis räsonniert wurde, selbst für erwachsene Zuschauer nicht hat träumen lassen.

Das politische bzw. ökonomische Druckpotential des *Springer*-Konzerns ist aus heutiger Sicht eine nostalgische Arabeske gegenüber Mediengiganten wie *Time Warner* (WB Network u.a.), *Viacom* (MTV u.a.), *News Corporation* (Sky TV, Fox TV u.a.), *CLT* (RTL, Super RTL u.a.), *Turner Broadcasting System* (CNN, CNN International u.a.), *Nethold* (FilmNet, DSF u.a.),

Fininvest (Canale 5, Italia 1 u.a.), *Familie Kirch* (Sat 1, DSF, Pro Sieben u.a.) und *Bertelsmann* (RTL, Premiere, Vox u.a.).

Dahinter stehen milliardenschwere Unternehmer aus USA, Australien, Südafrika, Italien und Deutschland wie Gerald Levin, Sumner Redstone, Rupert Murdoch, Johann Rupert, Silvio Berlusconi, Leo und Thomas Kirch und Reinhard Mohn sowie Banken rund um den Erdball. Über unzählige Beteiligungen und Unterbeteiligungen spielen sie ein globales Medien-Monopoly, das sich mit jeder neu in den Weltraum geschossenen Satellitengeneration weiter verfilzt.

Doch nicht wenige der Gesellschaftsverbesserer von einst, die als junge Leute gegen die Macht des Kapitals zu Felde zogen, sitzen heute selbst an den Schaltstellen von Finanzholdings, Programm- und Chefredaktionen und denken nicht im Traum daran, sich oder ihr Tun kritisch hinterfragen zu lassen.

Was als „Neue Linke" begann, pocht jetzt auf alte Rechte. Die junge Generation unserer Tage wird derweil für den Übergang ins Berufsleben zu Anpassungsleistungen gezwungen, die ihre Eltern zwar lautstark beklagt, aber niemals am eigenen Leib erfahren haben.

Erst Anfang der neunziger Jahre erlebte die Bereitschaft, über Aufgaben und Selbstverständnis der Massenmedien nachzudenken, wieder eine kurze Blüte.

Dreiste Beispiele eines bedenkenlosen Enthüllungs- und Sensationsjournalismus' wie beim Gladbecker Geiseldrama wurden angeprangert, immer neue Niveautiefstände in den Fernsehprogrammen riefen gequälte Reaktionen hervor. Auch die Lust am periodischen politischen Skandal (Jenninger, Späth, Stolpe,

Streibl, de Maizière, Krause, Heitmann, Lafontaine) bereitete manchen Redakteuren Bauchschmerzen – in der Regel allerdings erst nach der Treibjagd. Andere Journalisten hatten das ungute Gefühl, im deutschen Vereinigungsjahr 1990 die gebotene Distanz zur Politik verloren zu haben.

„Verdummen die Massenmedien?" fragte die *Katholische Nachrichtenagentur* im Oktober 1992 und „Warum wird die Unterhaltung im Fernsehen immer blöder?" schob das *FAZ-Magazin* nach. „Empörung ist ihr Beruf", polemisierte die *Süddeutsche Zeitung* im April 1993 gegen „Moralisten" in den eigenen Reihen, „die das Gute und Wahre gepachtet haben". „Hauptsache Kreuzigung", meldete sich die Fachzeitschrift *Medien-Kritik* im gleichen Monat mit einer Philippika gegen Journalisten, die sich nur noch als „Henker" verstünden, zu Wort.

Die *Welt* sah die Medien Anfang 1993 gar am „Rückfall in die Barbarei" mitwirken, die *Zeit* rief die schreibende Zunft zwei Monate später auf, „den Bürgern wieder Ziele zu setzen".

Das selbstkritische Strohfeuer, im Februar 1993 durch Oskar Lafontaines wütende Attacke gegen einen ausufernden „Schweinejournalismus" zusätzlich angefacht, ist aber schon wieder erloschen. Journalistisch folgenlos blieb auch die Selbstanklage einiger Bonner Korrespondenten, die zerknirscht resümierten, im Jahr des „Einheitsrauschs" bei der kritischen Begleitung der deutschen Innenpolitik „aus falschem Rollenverständnis gründlich versagt" zu haben (so der damalige *Stern*-Korrespondent und heutige stellvertretende Chefredakteur der *Südwestpresse*, Hans Peter Schütz, in einem Ende 1990 gehaltenen Vortrag).

Business as usual bestimmt den journalistischen Alltag. Handwerkliche Tricks, persönliche *Connections*
und institutioneller Machtpoker sind wie eh und je die
Bausteine eines politisch-medialen Systems, in dem
„Menschen mit Mitteln, die ihnen nicht bewußt sind, zu
Zwecken, die nicht die ihrigen sind, ihnen aber als die
ihrigen suggeriert werden" (so die gebräuchliche Defi-
nition des Begriffs Manipulation) gesteuert werden.

Mit schnellen wertenden Urteilen muß man gleichwohl vorsichtig sein. Denn die Grenzen zwischen noch
legitimer Selbstdarstellung und manipulativer Beein-
flussung, die das Bewußtsein der Bürger unterlaufen
soll, sind unscharf, die Übergänge fließend.

Es bedürfte einer systematischen sozial- und politikwissenschaftlichen Aufarbeitung, um einigermaßen
zuverlässig sagen zu können, wo die schädliche Irreführung der Öffentlichkeit beginnt.

Das ist bislang nicht geschehen und, soweit ersichtlich,
auch nicht beabsichtigt. Die leider allzu schnell ideologi-
sierten Forschungsansätze der sechziger und siebziger
Jahre wurden in den „ruhigeren" Jahren danach nicht wieder aufgenommen, obwohl das auf wissenschaftlich sehr
viel soliderer Basis hätte geschehen können.

Was bleibt, ist der zwiespältige Eindruck, daß sich mit
dem öffentlichen Erregungspotential über manipulative
Strukturen in Staat und Gesellschaft auch der Wille,
diese zum Gegenstand engagierten Nachdenkens zu machen, verbraucht hat.

Vor dem Hintergrund der ökonomischen und technischen Dimension gegenwärtiger Massenkommunikation und angesichts des für die nahe Zukunft zu erwar-
tenden multimedialen Wachstumsschubs erscheint so-

viel Gleichgültigkeit weniger als politische Gelassenheit denn als gefährliche demokratische Indifferenz.

Vielleicht ist das Publikum, frei nach Tucholsky, ja aber gar nicht so dumm, alles nur so zu wollen, wie es nun mal ist. Vielleicht fehlt ihm schlicht der Einblick, wie die Pseudorealität produziert wird, die tagtäglich zu lesen, zu hören und zu sehen ist.

Vielleicht unterschätzt die Wissenschaft in ihrem elfenbeinernen Turm das Interesse der Zuschauer am Blick hinter die Kulissen der Arena, und Politik und Medien fürchten es mehr, als sie nach außen zugeben. Dann würde es sich schon lohnen, ein paar Schlaglichter auf den sonst wenig beleuchteten Bühnenhintergrund zu werfen.

Als der Autor Ende 1994 in der Zeitschrift *MUT* einen Aufsatz zum Thema *„Die manipulierte Öffentlichkeit"* publizierte, schrieb ihm ein Journalist: „Interessant war unsere sehr unterschiedliche Reaktion auf Ihren Artikel. Während ich ihn als zurückhaltend empfand, war meine Frau ganz aufgeregt wegen der Ungeheuerlichkeiten, die Sie berichteten. Dabei wurde mir wieder einmal klar, wie sehr man schon verdorben ist durch die berufliche Erfahrung."

Schwanz und Pferd

Gotthold Ephraim Lessing meinte, die Presse sei die „Artillerie der Gedanken".

Meistens schreibt sie auch so. Im unbedingten Bemühen, das Aktuellste immer gleich in den ersten Satz hineinzupacken, wie man es beim Volontariat gelernt hat, kehrt sie die logische Abfolge von Ereignissen erbarmungslos um. Erst die Zahl der Toten, dann die Tatsache des Granateinschlags, dann die Mutmaßung über den Schützen. Das Pferd, das vom Schwanz her aufgezäumt wird, ist ein Schwanz, der zum Zwecke des Aufgezäumtwerdens am Pferd hängt.

Der Ursprung dieser verqueren Nachrichtenübermittlung hat tatsächlich etwas mit Militär und Kavallerie zu tun. Als im amerikanischen Bürgerkrieg (1861 bis 1865) der Norden gegen den Süden kämpfte, gelangten die telegrafisch übermittelten Frontberichte der Zeitungsreporter oft nur verstümmelt in die Redaktionen, weil die Verbindungen zwischendurch immer wieder zusammenbrachen. Nicht selten fehlte in den Meldungen gerade das Wichtigste, nämlich der Ausgang eines Scharmützels.

Schließlich gingen die Korrespondenten dazu über, die vordringlichen Fakten in einem ersten Nachrichtenblock zusammenzufassen, dem, wenn man Glück hatte, die Erläuterung und die Details im zweiten Abschnitt folgten.

Dieses Schema hat sich bis heute erhalten, und die Nachrichtenagenturen befolgen es so eisern, als befürchteten sie immer noch, einen Teil ihrer Informationen in der Prärie zu verlieren. Muß eine Meldung mehrmals am Tag umgeschrieben werden, weil die Dinge im Fluß sind, kann es passieren, daß dem Unkundigen erst nach längerem Lesen klar wird, was der Ausgangspunkt einer Krise, eines Streits oder Unglücks gewesen ist.

Öffentlichkeitsarbeitern kommt das journalistische Auf-den-Kopf-Stellen chronologischer Entwicklungen sehr entgegen – bietet es doch die Möglichkeit, durch geschicktes Aufbauen von Pressemitteilungen die Einschätzung dessen, was als wichtig zu gelten hat, zu steuern.

„Als *großen Erfolg* bezeichnete Minister XY die Tatsache, daß ..." oder „*Mit Nachdruck* fordert Ministerpräsident YZ die Verbesserung ..." – solche und ähnliche Leerformeln bekommen, an den Anfang gestellt, den Rang „harter" Tatsachenmeldungen. Der sachliche Gehalt dahinter ist meist dürftig. Das macht aber nichts, weil der „Nachrichtenkopf" *(Lead)* eine positiv klingende Botschaft enthält und dem Leser auf diese Weise auch der anschließende „Nachrichtenkörper" *(Body)* leichter als Erfolgsmeldung verkauft werden kann.

Weil das so oft und so gut funktioniert, stellen viele Pressereferenten auch den nebensächlichsten Verlautbarungen kernig formulierte angebliche Zitate ihrer Chefs voran. „Ich werde mich *mit aller Entschiedenheit* gegen jeden Versuch zur Wehr setzen ...", erklärt dann der eine Politiker kämpferisch, und „Die Schaffung neuer ...(Arbeitsplätze, Kindergartenplätze, Wohnungen etc.) steht *ohne Wenn und Aber im Mittelpunkt* meiner Politik!", ruft der andere im Stil eines kategorischen Imperativs dem erfreuten Leser zu.

Jeder Journalist weiß, daß derartige Worthülsen am Schreibtisch von Büchsenspannern entstanden sind. Trotzdem werden sie von den Redaktionen oft als originäre Politikeräußerungen wörtlich wiedergegeben, weil Zitate einen Text auflockern und das Umschreiben zuviel Zeit und Mühe kosten würde. Den Zitaten wird damit eine Authentizität verliehen, die man im Privatleben als glatte Fälschung bezeichnen würde.

Das Spiel läßt sich natürlich noch weiter treiben. Warum einem Politiker statt einzelner Sätze nicht auch ganze Meldungen unterschieben, selbst wenn er davon zunächst gar nichts weiß?

Beispiel: Ein Minister wird von der Opposition ange-griffen. Er ist aber gerade in einer Konferenz und des-halb nicht erreichbar. Soll die Attacke deswegen bei *dpa* alleine und unkommentiert laufen, mit der Folge, daß der Betroffene beim Aufschlagen der morgigen Zeitung einen Wutanfall bekommt und die Leserschaft sich ein negatives Urteil über ihn bildet?

Kein Pressesprecher, der sein Geschäft versteht, wird so defensiv reagieren. Er wird sich stattdessen umgehend bei der Fachabteilung seines Ministeriums sachlich kun-dig machen, dann eine knackige „Zumeldung" basteln („Als *unerhörte Verdrehung* von Tatsachen hat Minister XY die Behauptung zurückgewiesen...") und diese schleunigst an die Agenturen faxen.

Auf jeden Fall erreicht er dadurch, daß im morgigen Nachrichtenbild aus dem einseitigen Angriff ein unent-schiedener Streit geworden ist. Wenn er es noch ge-schickter anstellt, rangiert die Empörung seines Ministers (der derweil immer noch friedlich konferiert) in der er-forderlich werdenden neuen *dpa*-Meldung sogar vor dem Angreifer, wegen des ministeriellen Amtsbonus' und der höheren Aktualitätsstufe der Zurückweisung.

Die Zeitungsschlagzeilen könnten dann etwa so lau-ten: „*Minister XY: Unterstellungen und Verdrehungen der ...* (Oppositionspartei)!".

Der Minister wird zufrieden sein, ohne eigenen Auf-wand dem Angreifer eins ausgewischt zu haben, und die Leser werden ihren Kaffee in der Erkenntnis trinken, daß die Opposition wieder einmal zu Unrecht versucht hat, der Regierung am Zeug zu flicken.

Dieses Muster, quasi aus dem Nichts Fakten zu schaf-fen, braucht sich natürlich nicht auf Reaktionen zu beschränken. Je intensiver das Vertrauensverhältnis zwischen einem Politiker und seinem Sprachrohr ist, umso größer ist auch dessen Freiraum, die publizistische Präsenz seines Herrn auf eigene Faust auszuweiten.

Auf diese Weise lassen sich Politiker, die von einem Termin zum anderen eilen, auf Reisen oder im Urlaub sind, medienpolitisch klonen, als gäbe es neben dem Original noch einen stubenhockenden Doppelgänger.

Nachgerade berühmt war in dieser Hinsicht das Zusammenspiel des früheren Ministerpräsidenten Späth mit seinem Pressesprecher Kleinert zu einer Zeit, als Späth in Personalunion CDU-Fraktionsvorsitzender und Vorstandsmitglied des Gewerkschaftsunternehmens *Neue Heimat* war. Oft erfuhr er erst auf dem Flughafen Stuttgart-Echterdingen, was Kleinert während Späths Abwesenheit unter dessen Namen per Pressemitteilung erklärt und kommentiert hatte. Die Presse wußte wohl, wie es sich in Wahrheit verhielt. Aber das Tempo und die Professionalität der inszenierten Nachrichtenproduktion imponierten ihr, und so druckte sie anstandslos ab, was ihr angeboten wurde – mit ein Grund für die rasche Popularität, die Späth im Land erringen konnte.

Mag es sich dabei auch um einen Sonderfall gehandelt haben, der über das Normalmaß an Öffentlichkeitsarbeit hinausreichte – keine Pressestelle kann es sich leisten, Medienpolitik auf dem Dienstweg zu erledigen. Pressearbeit ist Termingeschäft, Nachrichten sind leicht verderbliche Ware. Wer zu spät kommt, den bestrafen der Redaktionsschluß oder die konkurrierenden *news* des nächsten Tages.

Fazit: Jeder Zeitungsleser tut gut daran, Artikel bis zum Ende und dort besonders genau zu lesen. In der zweiten Hälfte steht zwar nicht immer das wichtigste, aber meistens das, was Fakt ist. Wörtliche Zitate, Meinungsäußerungen und Wertungen sind mit Vorsicht zu genießen, vor allem wenn sie parteiischer Natur sind. Reiseberichte und Mitteilungen über Gespräche von Politikern im Ausland übrigens auch – hier führt der mitreisende Pressereferent besonders stark die Feder.

Und wenn ein Minister in der sommerlichen Urlaubszeit, in der halb Deutschland am Strand oder auf Balkonien sonnenbadet, durch besondere Aktivitäten auffällt, kann man ziemlich sicher sein: Irgendwo in einem kleinen Büro arbeitet ein talentierter Katakomben-Kuli seinen Vorrat an Pressemitteilungen ab, den er sich, wie ein Eichhörnchen die Nüsse, für die Zeit der Nachrichtenflaute angehäuft hat.

Mitgelesen

Die Spielregeln des Journalismus' zu beherrschen und für eigene Zwecke einzuspannen, ist das A und O politischen Verkaufens. Das beginnt mit mediengerechten Formulierungen und Pressetexten, die wie redaktionelle Artikel geschrieben sind, und endet noch lange nicht beim Know how über Pressekonferenzen, Exklusivinformationen und Hintergrundgespräche der Stufen „zwei" und „drei".

Solches Know how ist übrigens außerhalb der Politik manchem Unternehmen viel Geld wert. Immer wieder wandern Pressesprecher aus dem staatlichen Bereich in die Wirtschaft ab, wo sie sehr viel höhere Einkommen erzielen können. In journalistischen und wirtschaftlichen Fachorganen häufen sich die Angebote von Werbeagenturen, für zahlungskräftige Kunden Pressekonferenzen einschließlich der nachbereitenden Medienbeobachtung und Erfolgskontrolle zu organisieren – zu Preisen von 5 000 Mark an aufwärts.

Daß das Geld gut angelegt ist, muß bezweifelt werden. Die Wirtschaft ist der Politik in vielen Belangen voraus – im Wissen, wie man mit den Medien umzugehen hat, aber kaum.

Während produktbezogene Kundenansprache durch Werbe- und Marketingstrategien zu den klassischen Kompetenzen jedes größeren Betriebes gehört, ist der Journalist als Kunde in vielen Firmen noch ein Fremdwort. In der Regel ruft es eher panikartige Abwehrreaktionen hervor, wenn sich Redakteure, die nicht zur kleinen und vertrauten Gruppe von Fachjournalisten zählen, mit Fragen am Telefon einer Unternehmenszentrale melden.

Politik dagegen, die ihr „Produkt" fast ausschließlich über den Journalisten als Kommunikator und Werbeträger verkaufen muß, hat gelernt, mit den berufsmäßigen Eigenheiten dieser Spezies umzugehen. Und sie hat eine beachtliche Fähigkeit entwickelt, sich den Arbeitsbedingungen der „Schreiberlinge" anzupassen.

Wer zum Beispiel glaubt, Pressekonferenzen seien nur dazu da, vorbereitete Erklärungen vom Blatt abzulesen, wie man es zumeist im Fernsehen zu sehen bekommt, beweist Unkenntnis oder Naivität. Pressekonferenzen sind Billardtische, Umschlagplätze, Minenfelder, Stimmungsbarometer. Man kann viel gewinnen und viel verlieren.

Schon die richtige Terminierung ist für den Erfolg wichtig. Wieviel Zeit darf nach einer Kabinettssitzung verstreichen, ohne Gefahr zu laufen, daß Einzelheiten vorab publik werden? Auch unter Kabinettsmitgliedern gibt es Geschwätzige. Eine Zeitungs- oder Rundfunkmeldung, die vor dem offiziellen Pressetermin auf dem Markt ist, entwertet das ganze Thema und verursacht bei anderen Journalisten Säuernis, die sich im Abdruck und in den Kommentaren niederschlägt.

Dem Autor ist die Hektik in bleibender Erinnerung, mit der er und seine Kollegen zu Zeiten des baden-württembergischen Ministerpräsidenten Filbinger Pressemitteilungen schreiben mußten, weil Filbinger Pressekonferenzen grundsätzlich Dienstag vormittags, unmittelbar im Anschluß an die Ministerratssitzung, abzuhalten pflegte.

Organisatorisch ließ sich das gar nicht anders bewältigen, als daß die Texte bereits am Montag abend vorfabriziert wurden. Wehe, wenn dann das Kabinett anderntags einen Beschluß faßte, der von dem, was in der vorbereiteten Erklärung stand, abwich! Dann stürzte der Pressereferent entnervt aus dem Kabinettssaal und schrie nach seiner Sekretärin.

Gottseidank passierten solche Fälle selten – unter anderem deswegen, weil alle Minister und Staatssekretäre wußten, daß sie sich den Zorn des Regierungschefs und seiner Administration zuzogen, wenn sie im Vorfeld einer Pressekonferenz Scherereien machten.

Auch heute noch beträgt die Karenz zwischen einer Kabinettssitzung und der darauffolgenden Pressekonferenz selten länger als einen halben Tag. Weiter reicht das politische Vertrauen in die Verschwiegenheit der eigenen Mannschaft offenbar nicht.

Da Journalisten den späten Vormittag oder die Mittagszeit als „Aufnahmetermin" für politische Neuigkeiten bevorzugen (vorher sind sie selten ganz wach, danach müssen sie in den Redaktionen schreiben und recherchieren), ergibt sich fast zwangsläufig, daß die Zusammenkünfte der meisten Regierungen am Nachmittag oder Abend vor dem Tag erfolgen, der im Terminkalender der Medienvertreter für die Regierungspressekonferenz vorgemerkt ist.

Politisches Mißtrauen und journalistischer Biorhythmus bestimmen sozusagen die Beschlußlage unserer Regierenden.

Beim Kanzler sieht das natürlich anders aus. Er kann die Presse rufen, wann es ihm beliebt – ein beträchtlicher Vorteil in der politischen Auseinandersetzung.

Wolf Schneider berichtet von einem Beispiel aus Helmut Kohls erstem Kanzlerjahr, als der Christdemokrat mit einer kurzfristig für 16 Uhr einberufenen Bundespressekonferenz, auf der er eine neue Initiative zur Schaffung von Ausbildungsplätzen verkündete, die bis dahin dominierende „schlechte" Tagesmeldung – einen neuen Arbeitslosenrekord – aushebelte und sich mit seiner „guten" Nachricht auf den Spitzenplatz in den Abendnachrichten katapultierte.

Die überrumpelten Journalisten hatten nicht mal mehr genügend Zeit festzustellen, daß es sich bei der Kanzleraktion um einen bereits von der sozialliberalen Vorgängerregierung ausgearbeiteten Plan handelte, den Kohl kurzerhand aus der Schublade gezogen hatte.

Auf andere Weise machte unlängst die baden-württembergische Kunst- und Familienministerin Unger-Soyka (SPD) Pressekonferenz-Politik. Während sie sich für die turnusmäßige Kabinettssitzung wegen Migräne entschuldigen ließ, verkündete sie am gleichen Tag auf einer eilig einberufenen Pressekonferenz, daß das Land wichtige Kunstschätze aus dem zur Versteigerung anstehenden Besitz des Markgrafen von Baden erwerben werde – eine Botschaft, die auch ihr Regierungschef, CDU-Ministerpräsident Erwin Teufel, gern unters Volk, vor allem unter dessen badischen Teil, gebracht hätte.

Journalisten sahen in dem ungewöhnlichen Vorgehen der Ministerin ein „Revanchefoul" dafür, daß Teufel ihr zwei Wochen zuvor mit der Forderung, das Landeserziehungsgeld zu erhöhen, auf familienpolitischem Gebiet die publizistische Butter vom Brot genommen hatte. Als der Ministerpräsident das öffentlich kundtat und dafür viel Lob einheimste, lag nämlich schon eine Kabinettsvorlage aus dem Hause Unger-Soyka mit derselben Zielrichtung in seiner Staatskanzlei vor.

Generell ist die Frage, wer was verkaufen darf, ein häufiges Streitthema im Vorfeld von Kabinettssitzungen – besonders zwischen Regierungskoalitionen und bei Themen, die mehrere Ressorts berühren. Die politische Stärke eines Ministers läßt sich ziemlich genau daran ablesen, wie oft er (oder sie) sich als „Chefverkäufer" durchzusetzen vermag. Journalisten dagegen empfinden Pressekonferenzen oft eher als lästige Pflichtübung, weil das, was vorgetragen wird, allen Anwesenden zugänglich ist und man nicht umhin kommt, darüber zu schreiben, auch wenn der Stoff wenig hergibt. Manche lassen sich deshalb nur die Pressemitteilungen aushändigen und verschwinden wieder; andere vergewissern sich, daß der örtliche *dpa*-Vertreter anwesend ist und beschließen, es reiche aus, dessen Meldung zu übernehmen.

Die Nachrichtenagenturen, insbesondere die *Deutsche Presseagentur,* sind denn auch das Hätschel- und das Sorgenkind der Politikverkäufer. Berichtet *dpa* ausführlich, ist ein breiter Abdruck gesichert. Fehlt die

Agentur, ist das für andere Journalisten ein Signal, daß die Sache so wichtig nicht sein kann. Der Pressereferent muß jeder Zeitung hinterhertelefonieren.

Sogar Zentralredaktionen machen die Entscheidung, ob sie Berichte ihrer Korrespondenten übenehmen sollen, mitunter davon abhängig, ob die Nachrichtenagenturen das Thema bereits aufgegriffen haben.

Wenn sich ein Politiker durch *dpa* mißverständlich oder gar falsch wiedergegeben fühlt, ist meist der Teufel los. Denn dann ist die Wahrscheinlichkeit groß, daß die beanstandete Meldung sich wie ein Computervirus in allen möglichen Zeitungen und vielleicht sogar in den elektronischen Medien niederschlägt und die Gehirne unzähliger Informationskonsumenten „infiziert".

Kein anderes Presseorgan wird deshalb so argwöhnisch beäugt, keines sieht sich so massiven Beschwerden und Berichtigungsverlangen ausgesetzt wie die *Deutsche Presseagentur.*

„Wir wurden permanent mitgelesen", sagt ein früherer Nachrichtenredakteur, „und immer wieder hat man von politischer Seite versucht, in den Produktionsprozeß einzugreifen. Journalistisches Arbeiten bei einer Agentur ist etwas grundsätzlich anderes als bei Tageszeitungen, die ‚konspirativ' und ohne Vorankündigung eine Geschichte ins Blatt nehmen können. *dpa* ist demgegenüber eine quasi-staatliche Behörde, die außerdem noch auf ihre Kunden – Verlage, Redaktionen, Rundfunkanstalten, Behörden – Rücksicht nehmen muß. Das engt den Freiraum ungeheuer ein".

Mit wachsendem Ärger mitgelesen hatte auch ein ostdeutscher Ministerpräsident, der sich von dem *dpa*-Korrespondenten M. wiederholt falsch zitiert fühlte. Konsequenz: M. wurde nicht mehr zu den Pressekonferenzen und Hintergrundgesprächen des machtbewußten Regierungschefs eingeladen. Als die Situation für die Agentur prekär zu werden begann, schied M. aus und wechselte zu einer Zeitung.

Besonders brisant wird es, wenn die *Deutsche Presseagentur* in ihrem bundesweiten Basisdienst Hintergrundmaterial anbietet. Dann schrillen in den Regierungs- und Parteizentralen die Alarmglocken.

So hatte ein Stuttgarter *dpa*-Redakteur 1989 im Vorfeld des Bremer CDU-Parteitags, bei dem manche politischen Beobachter eine Kandidatur des CDU-Präsidiumsmitglieds Lothar Späth gegen seinen Parteivorsitzenden Helmut Kohl erwarteten, geschrieben: „In der Umgebung Späths wird auch eine Verschwörung nicht ausgeschlossen."

Späth verwahrte sich in einem Telefonat mit der Hamburger Chefredaktion vehement gegen diese Darstellung und verlangte, die Namen etwaiger Informanten aus seiner „Umgebung" zu erfahren. Der *dpa*-Journalist war dazu natürlich nicht bereit, mußte aber einräumen, daß sich seine Quellenangabe jedenfalls nicht auf Späths Mitarbeiterstab bezog.

Nach längerem Tauziehen willigte die Agentur ein, den Satz folgendermaßen umzuformulieren: „Führende Unionsvertreter schließen auch eine Verschwörung nicht aus."

Kaum anzunehmen, daß Helmut Kohl nach dieser Korrektur beruhigter war.

„System Kontakt"

Will ein Politiker eine Pressekonferenz abhalten, muß seine Pressestelle mit dem Vorsitzenden der jeweiligen

Landespressekonferenz (in Bonn der Bundespressekonferenz) den Termin abstimmen und ihm die Themen, die behandelt werden sollen, mitteilen. Denn nicht der VIP, sondern die Journalistenvereinigung fungiert rechtlich als Veranstalter von Pressekonferenzen.

Daraus – und weil die offiziell zur Sprache kommenden Sachgebiete Journalisten selten vom Stuhl reißen – resultiert die Übung, eine allgemeine Fragerunde an den Anfang (zuweilen auch ans Ende) von Pressekonferenzen zu stellen. Journalisten wollen nicht das Gefühl haben, nur als Verlautbarungsempfänger einbestellt zu werden.

Politiker, die noch nicht lange im Amt sind, fürchten diese Fragerunden außerordentlich. Das *Briefing* dafür – Was könnte drankommen? Wie ist der Sachstand? Was darf nach außen gesagt werden, was nicht? – nimmt oft mehr Zeit in Anspruch als die übrige Vorbereitung und ähnelt der Nervosität von Pennälern vor Klassenarbeiten.

Auch Spickzettel und Vorsager gibt es – fürsorgliche Verwaltungsvermerke („Sollte der Herr Minister gefragt werden, warum mit dem Bau der Querspange immer noch nicht begonnen wurde, so könnte folgendes geantwortet werden ...") und Referenten mit dicken Aktentaschen, die an der Wand aufgereiht sitzen und bei der kleinsten Unsicherheit ihrem Chef mit schnell hingekritzelten Notizen und wichtigtuerischen Einflüsterungen zur Seite springen.

Routiniertere Amtsträger verbitten sich solche peinlich wirkenden Hilfestellungen und nutzen die Fragerunde stattdessen, um ihre Schlagfertigkeit oder auch nur die Fähigkeit, auf konkrete Fragen ausweichende Antworten geben zu können, unter Beweis zu stellen. „Sie können mich fragen, was Sie wollen," sagte Walter Scheel einmal, „ich werde trotzdem immer auf die FDP zu sprechen kommen."

Nicht selten wird sogar kräftig nachgeholfen, damit ein bestimmtes Thema aufs Tapet kommt. Soll eine politische Pointe lanciert oder einem Gegner scheinbar spontan ans Schienbein getreten werden, bestellt sich die Pressestelle bei einem Journalisten, mit dem sie „gut kann", eine entsprechende Frage für die nächste Pressekonferenz. „Auf Anfrage" äußert der Politiker dann, was er dringend loswerden will – und weiß, daß er dem Ballwerfer demnächst ebenfalls eine Gefälligkeit schuldig sein wird.

Viele solcher „auf Anfrage" erfolgten Zeitungsmeldungen sind von den Betroffenen selbst initiiert. Auch als Test, welches Interesse an einem Thema besteht oder was Journalisten bereits über einen bestimmten, öffentlich noch nicht abgehandelten Vorgang wissen, eignen sich gesteuerte Fragerunden. Versierte Pressestellen kennen ihre Pappenheimer, die dafür zu gewinnen sind – sei es aus Profilierungsbedürfnis, oder weil sie dafür andere Informationen haben wollen, an die sie im Rahmen eines gegenseitigen Geschäfts leichter heranzukommen hoffen. Und manchmal genügt es auch schon, einen der ewig auf *O* (= Original)-*Ton*-Jagd pirschenden Privatfunkreporter anzuspitzen.

Als Folge solcher Machenschaften, zu denen Journalisten die Hand reichen, ist das Instrument offener Fragerunden kontinuierlich entwertet worden. Wer über eine „Geschichte" mehr weiß als die Kollegen oder nicht in den Verdacht der Handlangerei geraten will, schweigt lieber.

92

Die Tendenz, Pressekonferenzen nur noch als Verlautbarungstermine anzusehen, wird dadurch gefördert – zur Freude jener Politiker, deren Medienverständnis sich darin erschöpft, Journalisten für Sprechblasenverstärker zu halten.

Redaktionsbesuche, Wochenendtermine und nachrichtenarme Ferienzeiten eignen sich ebenfalls gut dafür, Ansichten, die außer dem Urheber kaum jemand für wichtig halten mag, in die Öffentlichkeit zu tragen. Insbesondere kleinere Zeitungen entwickeln eine eigene Art Beflissenheit, wenn sie einen Minister leibhaftig in ihren Redaktionsräumen begrüßen oder ein „Exklusivinterview" am Rande einer Veranstaltung ihres Einzugsgebiets vermelden können.

Für Pressereferenten ist es ein leichtes, im Vorfeld solcher Ereignisse bei der Themensuche nachzuhelfen: „Fragt ihn doch auch mal nach folgendem ..." oder „Der Minister beschäftigt sich zur Zeit intensiv mit ...". Der Politiker wird sich freuen und versprechen, wiederzukommen.

„Kurz vor Wahlen wird der Wunsch von Landespolitikern nach Redaktionsbesuchen zur echten Landplage", seufzt dagegen der Büroleiter einer überregionalen Zeitung. „Dann drängelt alles nach Terminen, und man muß eine klare Regelung treffen, zum Beispiel: Von jeder Partei kommt einer ins Haus und damit Schluß." Verständlich ist der Andrang schon, denn zu keiner Zeit ist ein Politiker so vollgestopft mit Leistungsbilanzen und Erfolgsmeldungen wie am Ende einer Legislaturperiode, und zu keiner Zeit ist sein Bedürfnis nach Öffentlichkeit stärker.

Handelt es sich bei Pressekonferenzen, Pressemitteilungen, Redaktionsbesuchen und „echten" Fragerunden noch um eine vergleichsweise transparente Form von Informationsvermittlung, werden bei den sogenannten Hintergrundgesprächen zwar Spuren gelegt, aber keine Visitenkarten hinterlassen. Politiker schlüpfen in die Rolle nachrichten-dienlicher V-Leute, Journalisten betätigen sich als verdeckte Ermittler.

Hintergrundgespräche sind deshalb zwar üblich, aber nicht unumstritten. „Wenn ein Politiker etwas zu sagen hat, soll er das offen tun", findet ein Korrespondent. „Alles andere ist Ängstlichkeit oder seelische Grausamkeit gegenüber Journalisten."

Auch der Ressortchef einer Tageszeitung meint: „Alles zu erfahren, ist auch nicht immer schön. Möglicherweise strickt man gerade an einer Geschichte, die man mit viel Mühe recherchiert hat, und dann erfahren die Kollegen im Hintergrund dasselbe. Du selbst kannst die Sache dann nicht mehr bringen, weil das nach Verletzung der Vertraulichkeit aussieht, und nach einer gewissen Zeit ist der Hintergrund sowieso für alle frei."

Die Regeln von Hintergrundgesprächen sind streng. Was „unter zwei" mitgeteilt wird, darf ohne Quellenangabe zitiert werden, „unter drei" bleiben Information und Informant geschützt. Durchbricht ein Journalist die Sperre, kann er von künftigen Hintergrundgesprächen ausgeschlossen werden.

Als der frühere Ministerpräsident Lothar Späth in solch einer Runde andeutete, seine Pläne für eine Fusion des *Südwestfunks* und des *Süddeutschen Rundfunks* wegen des massiven Widerstands aller Beteiligten begraben zu müssen, trug ein Rundfunkreporter diese Neuigkeit umgehend nach außen. Er wurde daraufhin von der Landespressekonferenz, die sich zu einem offiziellen

Entschuldigungsschreiben veranlaßt sah, durch Vorstandsbeschluß gerügt. Das Beispiel zeigt ein typisches journalistisches Dilemma des Hintergrunds: Ist eine Nachricht „heiß", grenzt die Forderung, sie nicht verwerten zu dürfen, tatsächlich an seelische Grausamkeit. Handelt es sich aber nur um aufwendig verpackte Alltäglichkeiten, fragen sich die eingeladenen Medienvertreter, was die Geheimniskrämerei eigentlich soll.

Von Späths Nachfolger Erwin Teufel etwa heißt es in Journalistenkreisen: „Er redet im Hintergrund nicht anders als bei einer Pressekonferenz". Das ehrt ihn zweifellos – führt aber dazu, daß Hintergrundgespräche mit Teufel nicht unbedingt als Nervenkitzel gelten.

Auch aus einem anderen Grund sind Einladungen zu Gesprächen *off the record* bei vielen Journalisten nicht annähernd so beliebt, wie Politiker und Pressestellen glauben. Die Gefahr von Mißverständnissen ist groß, das Gefühl, instrumentalisiert zu werden, unterschwellig immer vorhanden.

Wenn ein Politiker beispielsweise bemerkt: „Was ich jetzt sage, können Sie ruhig bringen!", dann kann es Journalisten wie Autofahrern ergehen, die nicht genau wissen, ob das Tempolimit auf der Autobahn noch gültig oder schon wieder aufgehoben ist.

So kam ein *dpa*-Korrespondent 1989 in eine peinliche Situation, als er aus einem längeren Gespräch mit dem damaligen Bundesinnenminister Schäuble zitierte, der am Anfang den pauschalen Hinweis „Was ich sage, kann alles verwendet werden" gegeben hatte. Irgendwann später war Schäuble aber zum Informations-Topos „drei" gewechselt, ohne daß der Korrespondent es bemerkt hatte.

Der setzte dann mit großer Freude die Meldung „Schäuble erneuert Vorwurf der Volksverhetzung an SPD" ab – eine Anschuldigung, die CDU-Generalsekretär Geißler im Zusammenhang mit dem Streit um die Gesundheitsreform erhoben und Helmut Kohl gerade erst bedauernd zurückgenommen hatte. Schäuble unterstützte zwar Geißlers Haltung in der Sache und wollte das im Hintergrund auch nicht verschweigen, konnte aber andererseits seinem Kanzler nicht öffentlich in den Rücken fallen. Durch das Versehen der Agentur passierte genau dieses.

Die Ursache der meisten Mißhelligkeiten, die im Zusammenhang mit Hintergrundgesprächen entstehen, sind verborgene taktische oder persönliche Winkelzüge, die Politiker mit dieser diffusen Form von Informationsweitergabe verbinden. Wenn Journalisten unter dem Vorwand besonderer Offenheit in Wahrheit als nützliche Idioten mißbraucht werden, reagieren sie, falls sie es bemerken, entsprechend sauer.

Der *Südwestfunk*-Redakteur Martin Born, der Ende 1990 die Späth-Affäre ins Rollen brachte, schildert in seinem Buch *„Die Maultaschen Connection"* (Göttingen, 1992), wie er zusammen mit anderen Journalisten 1982 von Späths damaligem Pressesprecher Kleinert unvermutet zu einem vertraulichen Pressegespräch eingeladen worden war, bei dem Späth vor „einer verblüfften Journalistenrunde" seine Vermögensverhältnisse ausbreitete.

Anlaß war der gerade erfolgte Rücktritt des CDU-Landtagspräsidenten Lothar Gaa wegen geschäftlicher Verbindungen zu einem Baukonzern, die er entgegen den Offenlegungsrichtlinien nicht im Landtagshandbuch angegeben hatte. Als Gerüchte auftauchten, auch Späth sei in die Geschäfte Gaas verwickelt, lud sein Pressesprecher eiligst zum Hintergrundgespräch.

Born: „Späth stellte in großer Offenheit dar, daß er zwar an einer Firma, der „System Kontakt" in Bad Friedrichshall, ebenso wie der Landtagspräsident beteiligt gewesen sei. Doch habe er seine Beteiligung abgegeben, sie werde treuhänderisch von seinem Steuerberater Roland Scheuer verwaltet. Der Anteil betrage rund eine halbe Million Mark. *Alle Journalisten vergaßen zu fragen, ob dieser Vorgang nur wenige Stunden alt war...* Der Reporter im Studio 10 (Martin Born, d. A.) war unzufrieden, weil er der Meinung war, er hätte eigentlich das Bibliotheksgespräch des Ministerpräsidenten überprüfen und fragen sollen, was veröffentlicht werden dürfe. Doch er hatte dem Ministerpräsidenten Späth alles geglaubt und hatte das Thema nicht gesehen."

Journalisten nennen das: ein größeres Thema durch ein kleineres „totmachen". Eine drohende Enthüllung soll durch freiwillig preisgegebene Teilwahrheiten unterlaufen oder doch begrenzt werden. Hintergrundgespräche bieten sich dafür besonders an, weil man den Recherche-Eifer einzelner ins Leere laufen lassen kann, wenn alle „vertraulich" auf denselben Informationsstand gebracht werden.

Derartige Tricks verfangen zwar häufig, doch sie können sich auch zum Bumerang entwickeln. Der Eindruck, geleimt worden zu sein, stachelt manche Journalisten erst recht an. Die Spätfolgen zeigen sich bisweilen erst nach Jahren – wenn bei passender Gelegenheit alte Rechnungen beglichen werden und der Politiker dann meistens draufzahlt.

Natürlich gibt es auch legitime Motive, Informationen nicht gleich auf dem offenen Markt auszubreiten. Im Vorfeld schwieriger Entscheidungen können Sachzwänge und Zusammenhänge erläutert, bei unpopulären Maßnahmen kann das Wie und Warum zum besseren Verständnis eingehend begründet werden. Manchmal sind private und wirtschaftliche Interessen Dritter berührt, die durch öffentliche Erörterung Schaden nehmen würden.

Öfter aber herrscht eigennütziges politisches Kalkül vor. Themen sollen nur mal „angerissen" werden, um die Resonanz zu erkunden. Fährten, die zum politischen Gegner führen, werden gelegt, um Reaktionen in Gang zu setzen, die man mit offenen Karten nicht erzeugen kann oder will.

Dann gerät der Hinter- zum Untergrund, das Gespräch zur Soufflage, mit der das Geschehen auf der Bühne heimlich gesteuert wird. Nichtöffentlichkeit heißt dann Öffentlichkeit mit anderen Mitteln, Informationen verwandeln sich in Intrigen.

Und manchmal geht es einfach auch nur schief. Ein hübsches – nichtpolitisches – Beispiel bietet die Pressearbeit eines großen deutschen Automobilkonzerns. Er lud eine Gruppe handverlesener Journalisten zu einem vertraulichen Gespräch ein, um ihnen die betrübliche Tatsache nahezubringen, daß im Ostgeschäft bei einigen Generalvertretungen gravierende Unregelmäßigkeiten aufgetreten waren. Ziel der Aktion war es, das peinliche Faktum in Form kleiner Meldungen nach außen sickern zu lassen und damit einer breiten, skandalgeschwängerten Berichterstattung vorzubeugen. Doch das „Totmachen" des großen Themas gelang nicht. Die Öffentlichkeitsarbeiter hatten, ihrem Hang zur Perfektion folgend, nur Journalisten eingeladen, die ihnen ganz besonders zuverlässig erschienen. Und die wurden ihrem Ruf auch gerecht: Sie nahmen den Hintergrund ernst und schwiegen wie ein Grab. Kein Wort, keine Zeile drang nach außen.

Wenig später platzte die Bombe aufgrund anderer Recherchen und staatsanwaltschaftlicher Ermittlungen mit lautem Knall.

Politische Wertschöpfung

Wahrscheinlich wären die erfolglosen Auto-Mobilisten in obigem Fall besser gefahren, wenn sie das, was sich auf Dauer nicht verheimlichen ließ, als Exklusivstory einem Journalisten anvertraut hätten, der im Gegenzug bereit gewesen wäre, die Sache als zwar bestätigten, aber schon wieder behobenen Betriebsunfall darzustellen. Dann wäre für andere Medien die Aktualität des Versagens und der Verdacht, etwas vertuschen zu wollen – wesentliche Anreize, um in eine Affäre groß einzusteigen – ausgeräumt gewesen.

Ein schreibender Helfer hätte sich mit Sicherheit gefunden. Denn ein kleiner Exklusivartikel ist besser als gar keiner, und zudem wären die in Bedrängnis geratenen Imageverkäufer dem Pressemann bei Gelegenheit zu einer Gegenleistung verpflichtet gewesen.

Bevorzugungen, Belohnungen oder auch Bestrafungen sind feste Notierungen an der professionellen Kommunikationsbörse. Die Wirtschaft hat es dabei verhältnismäßig leicht, sie kann mit Geld und *Incentives* locken und den Fiskus an steuermindernden Betriebsausgaben teilhaben lassen.

So macht die Präsentation neuer Automodelle in Mexiko, Madeira oder Tansania manche Motorjournalisten zu Reiseexperten. Umgekehrt beschleunigt die Touristikbranche den Schleichwerbungsantrieb rühriger Reisejournalisten durch Urlaubseinladungen in den oberen Drehzahlbereich.

Ganz so dick auftragen kann die Politik nicht. Aber auch sie verfügt über einen gut sortierten Koffer voll Geschenken und Gunstbeweisen.

Exklusivinformationen gehören in jedem Fall dazu. Sie erhöhen das berufliche Prestige des Schreibers und der Redaktion und werden von vielen Verlagen, deren Verbreitungsgebiete oder Zielgruppen sich überschneiden, im Wettbewerb um Kunden und Leser als Gütesiegel eines leistungsfähigen Journalismus' geschätzt.

Deshalb stellen Zeitungsredaktionen Neuigkeiten, die sie allein verbreiten können, meistens größer heraus, als die Sache selbst es hergibt – was wiederum für die Politik „ein probates Mittel ist, auch geringwertige Themen effektvoll zu plazieren", wie es ein landespolitischer Redakteur diplomatisch umschreibt.

Die Fixierung vieler Journalisten auf publizistische Erstgeburten ist eine berufständische Marotte, die cleveren Politikverkäufern tatsächlich Tür und Tor öffnet. Kaum ein anderes Instrument der Pressearbeit erreicht eine derart hohe politische „Wertschöpfung".

Man kann durch diese Art von Informationskanalisierung Themen hochjubeln, Tendenzen vorgeben und Schwachstellen übertünchen, weil der kritische Recherchegeist im Falle exklusiver Angebote oft Sendepause hat (siehe die unvergleichliche *Stern*-Blamage mit den angeblichen Tagebüchern Adolf Hitlers).

Man kann eine fein abgestufte Pressepolitik betreiben, bei der wohlwollende Berichterstattung belohnt und lästige bestraft wird.

Man kann etwas für die persönliche Profilierung tun und sich bestimmten Journalisten zielsicher empfehlen – was gegenüber Meinungsführern oder Redakteuren, die im Wahlkreis eine Rolle spielen, eine gern geübte Methode ist.

Man kann schließlich durch genau „getimte" Indiskretionen ein Sachthema zu entwerten oder eine Entscheidung zu verhindern trachten – etwa dadurch, daß eine streitige Kabinettsvorlage schon vor ihrer Beratung im Ministerrat der Presse zugespielt wird. Regierungschefs versuchen zwar immer wieder, dem einen Riegel vorzuschieben, indem sie Kabinettsthemen, die vorab publik geworden sind, kurzerhand von der Tagesordnung absetzen. In der Regel bestrafen sie damit aber die Falschen, weil die Urheber solcher Illoyalitäten selten aus dem federführenden Ministerium stammen.

All diese und zahllose weitere Zielsetzungen, die mit Exklusivinformationen verbunden sind, gründen sich auf ein funktionierendes *Do ut des*-System, aus dem sich umso mehr Gewinn schlagen läßt, je besser alle Beteiligten die Spielregeln beherrschen. Es ist ein frommes Wunschbild, daß Journalisten immer kritisch und unbestechlich, Politiker immer sachbezogen und integer zu sein haben.

„Politik ist Wille und nicht Wahrheit", schreibt Robert Musil in seinen *Aphorismen* – und: „Noch haben wir keine der Mediengesellschaft angemessene Medienethik", konstatierte die *Evangelische Kirche in Deutschland* 1992 auf ihrer Synode in Suhl.

Solange das so ist, werden sich beide Seiten, wie unterschiedlich ihre Interessen sonst auch sein mögen, immer wieder mal in der Überzeugung treffen, daß, was jedem nützt, dem Ganzen nicht schaden kann.

Es gibt zum Beispiel nicht allzuviele Journalisten, die Reiseeinladungen ablehnen. Noch weniger trauen sich, über eine Politikerreise, die ein Flop war, wahrheitsgetreu zu berichten.

„Reisen sind nach wie vor das beste Mittel zur Einflußnahme", stellt ein Rundfunkmann nüchtern fest. Ein anderer bestätigt: „Einladungen zu größeren Reisen werden als Auszeichnung empfunden." Natürlich sind die Meinungen darüber, was als lohnend eingestuft wird, unterschiedlich.

Für Bonner Chefredakteure und Büroleiter ist ein Mitflug in der Bundeswehrmaschine des Kanzlers nach Polen oder Moskau spannender als die Südostasienreise eines Parlamentsausschusses, die mit *Sightseeing*-Terminen vollgestopft ist.

Landespolitische Journalisten dagegen werten Reisen nach China, Indien oder Indonesien häufig noch als persönliches und politisches Abenteuer (worin sie sich von den Politikern, die sie begleiten, kaum unterscheiden) und berichten über ihre Eindrücke mit dem Entdeckerstolz enthusiasmierter Marco-Polo-Nachfahren.

In solch einer Atmosphäre ist es leicht, den mitreisenden Pressetroß für die eigene politische Profilierung einzuspannen. Die Grundstimmung ist positiv, der Alltag fern, die Fülle neuer Eindrücke schweißt zusammen. Die Mehrzahl der Journalisten ist, wie es ein Teilnehmer vieler Reisen ausdrückt, „aus einem Gefühl der Anständigkeit heraus" bereit, sich für die Einladung erkenntlich zu zeigen. Man ist motiviert und schreibwillig, zumal die Heimatredaktion eine bestimmte Produktionsmenge erwartet; nur Chefredakteure können es sich erlauben, karge Zweispalter als Ausbeute einer großen Tour abzuliefern.

Erfahrene Pressestellen nutzen diesen Goodwill und richten das Besuchsprogramm so aus, daß die Medienvertreter immer das Gefühl haben, hautnahe Zeitzeugen wichtiger Ereignisse zu sein.

Bei Wirtschaftsgesprächen im größeren Delegationskreis dürfen sie als stumme Mäuschen an der Wand sitzen, während der Unterzeichnung von Vereinbarungen sind sie als Zuschauer zugegen. Auch zu Unterredungen mit der zweiten oder dritten Politikergarnitur wird die Presse meist zugelassen, ebenso zu Botschaftsempfängen, Handelskammer-Veranstaltungen, Dinner- und Luncheinladungen gastgebender Organisationen (die Kosten dafür zahlt allerdings häufig die Pressestelle, da viele Regierungen nur politische und wirtschaftliche Spitzen als ihre Gäste betrachten).

Derartige, ungewohnte politisch-protokollarische Abläufe als Teilnehmer miterleben zu dürfen, baut die normale journalistische Distanz der meisten Pressebegleiter schnell ab. Stattdessen setzt ein Identifikationsprozeß der Medienvertreter mit dem Politiker ein, den der Pressereferent durch hintergründige *Briefings* und abendliche Einladungen zum Drink an der Bar wirkungsvoll unterstützen kann.

So macht man aus manchen Beobachtern Schreibchargen.

Nebensächlichkeiten werden dann, besonders bei Boulevardblättern, als „Buntes" an die Leser daheim berichtet. *Highlights* wie Unterredungen des Politikers mit dem Präsidenten des Gastlandes werden gefeiert, als sei ein neues Kapitel in den internationalen Beziehungen aufgeschlagen worden. Sprachregelungen, die der Pressereferent ausgibt – oft mit dem Hinweis, daß deren Nichtbeachtung bei den empfindsamen Gastgebern zu Verstimmungen führen könnte –, werden höfisch genau befolgt.

Kritisches Nachfragen bleibt bei soviel gruppendynamischer Harmonie meist auf der Strecke. Die Versicherung, man habe „das Thema Menschenrechte angesprochen", wird dem Politiker ohne lästiges Bohren, was er denn konkret dazu gesagt habe, abgekauft und an das Publikum zuhause weitergereicht. In der Praxis sieht das „Ansprechen" oft so aus, daß der Persönliche Referent des einen dem Persönlichen Referenten des anderen eine von *Amnesty International* erstellte Liste mit den Namen politischer Gefangener (die niemand besser kennt als die Empfängerseite selbst) zusteckt. Fertig.

Daß über Auslandsreisen und Staatsbesuche fast ausnahmslos positiv berichtet wird, hat also nicht nur mit der „Anständigkeit", als Eingeladener nicht undankbar erscheinen zu wollen, zu tun. In erster Linie äußert sich darin das Bestreben der von „Wegelagerern" zu Staatskarossen-Fahrgästen avancierten Journalisten, sich der Ehre politischer Teilhabe an vorderster Diplomatenfront als würdig zu erweisen. Daß es sich dabei in den meisten Fällen um Bühnenkulissen handelt, die von den politischen Programmgestaltern routiniert und dutzendfach für Öffentlichkeitszwecke aufgebaut werden, wissen die reisefrohen Journalisten nicht, oder sie wollen es nicht wissen.

Weil Reisen und Preisen so eng beieinander liegen, sind Auslandsbesuche probate politische Mittel, etwas fürs eigene Image zu tun. Wer neu im Amt ist, wenig profiliert wirkt oder mit Schwierigkeiten zu kämpfen hat, kann nichts Besseres tun, als öfter mal die Koffer zu packen. Der Prestigewert, der außenpolitischen Auftritten anhaftet, und die zu erwartende positive Medienresonanz machen Fernfahrten zum Nahziel professioneller *PR*-Arbeit.

Zudem lassen sich auf Reisen so leicht wie nirgends sonst „Beziehungskisten" zu Journalisten aufbauen, die sich auch im Alltagsgeschäft als nützlich erweisen. Nicht wenige Journalisten werden hauptsächlich unter dem Aspekt der Klimapflege eingeladen und auch entsandt – wie unlängst ein süddeutscher Fernsehredakteur, dessen Teilnahme an einer Asienreise des Ministerpräsidenten im Sender selbst mit dem Wunsch begründet wurde, dadurch zum „Spannungsabbau" zwischen Regierungschef und Rundfunkanstalt beizutragen.

Ob die Reisen politisch und wirtschaftlich das hergeben, was der Medienaufwand verspricht, ist dagegen eine ganz andere Frage. Die Tatsache, daß nach einem Amtswechsel jeder neue Würdenträger alsbald zu den Zielen eilt, die sein Vorgänger auch schon anvisiert hatte, um mit denselben Erfolgsbotschaften heimzukehren, stimmt eher skeptisch. Wenn Politik, wie jener ungenannte Landespolitiker meinte, wirklich für den Pressespiegel gemacht wird, dann trifft das für die Reisepolitik erst recht zu.

Nach Auffassung eines Chefredakteurs, der lange Jahre in Bonn tätig war, haben auch die Mitglieder der Bundesregierung in den letzten Jahren nur wenige Ausfahrten mit wirklich vorzeigbaren Mitbringseln unternommen.

Zu den wenigen zählten, ohne Frage, die Reisen Kohls und Genschers nach Moskau (10. Februar 1990) und in den Kaukasus (15./16. Juli 1990) im Zusammenhang mit der deutschen Einheit.

„Da wurde wirklich Geschichte geschrieben, die Ereignisse überschlugen sich, und die Journalisten erlebten Politik aus erster Hand", schwärmt er. „Noch in der Maschine auf dem Heimflug wurde die *Tass*-Erklärung Gorbatschows hereingereicht, deren eindeutige Aussage zur deutschen Selbstbestimmung auch den Bundeskanzler überraschte, und Genscher persönlich erklärte uns, was es mit den „Zwei plus Vier"-Gesprächen auf sich hatte!"

Verglichen damit, ist das Gros der Politikerreisen natürlich nur Schaumgebäck. „Besonders die Reisen von Landtagsausschüssen", findet ein ehemaliger landespolitischer Ressortleiter, „sind meistens überflüssig und nichts anderes als Honorarersatz für mitreisende Mitarbeiter".

Gerade Ausschußvorsitzende, so seine Erfahrung, sind jedoch überaus empfindlich gegen Kritik. Immerhin habe er es einmal geschafft, eine geplante Reise ganz zu kippen. „Der Innenausschuß des Stuttgarter Landtags fühlte sich bemüßigt, eine Studienreise nach Arizona (USA) zu unternehmen, um aus den topografischen Verhältnissen des Phoenix Airport Erkenntnisse für den Stuttgarter Flughafen (in dessen Einflugschneise ein Berghügel liegt, d.A.) zu gewinnen. Als ich dann in einer Zeitungsglosse darauf hinwies, daß die Gegend um Phoenix topfeben ist, setzte der Ausschußvorsitzende die Reise wieder ab."

Daß er danach eine Weile nicht mehr eingeladen wurde, ertrug er mit Gleichmut. Andere Kollegen bringen nicht so viel Gelassenheit auf. „Zu Reisen nicht mehr eingeladen zu werden, ist schon eine wirkungsvolle Repressalie", gesteht ein Redakteur.

Dasselbe gilt für Staatsempfänge, festliche Bankette und Ordensverleihungen. Auch mit ihnen läßt sich trefflich Pressepolitik machen. Überproportional viele Journalisten erhalten zu runden Geburtstagen oder beim Ausscheiden Bundesverdienstkreuze – bei Chefredakteuren ist es die Regel. Und an den Einladungslisten für offizielle Essen läßt sich zuverlässig ablesen, welche Journalisten die Regierung besonders schätzt oder für wichtig hält. Wer diesen Status endlich erworben hat, überlegt es sich zweimal, ob er ihn eines bissigen Kommentars wegen aufs Spiel setzt.

„Wenn da die gewohnten Karten aus Büttenpapier ausbleiben, kratzt das am Image", weiß ein in dieser Hinsicht „leidgeprüfter" Rundfunkreporter. „Und die Ehefrau, die sich auf solche Sachen halt doch freut, fängt an, dich zu fragen, was du falsch gemacht hast."

Ein Schmiergeld namens Nähe

Angenommen, Sie haben es im Leben weit gebracht und sind Minister, vielleicht sogar Ministerpräsident oder Erster Bürgermeister. Im Lande kennt man Sie; weiter draußen allerdings nicht so arg. Das stört Sie, und Sie fangen an zu reisen. Sie begegnen manchem hochgestellten Kollegen, erörtern den Austausch von Experten zur Archivierung seltener Papyrusrollen, halten Vorträge vor der deutsch-birmanischen Handelskammer – alles ganz nett, aber der Durchbruch in die internationale Politik ist das wohl noch nicht.

Sie rufen Ihren Pressesprecher zu sich und sagen barsch: „Ich brauche ein Gespräch mit dem amerikanischen Präsidenten. Zumindest einen Händedruck mit Foto!"

Was antwortet Ihr Pressesprecher? Richtig. „Nichts leichter als das", sagt er und fängt sofort an zu telefonieren.

Er erinnert sich nämlich daran, daß es für diese Zwecke eine wundervolle Einrichtung gibt, das *National Prayer's Breakfast* in New York. Im zeitigen Frühjahr versammeln sich dort im Ballsaal eines Fünf-Sterne-Hotels zweitausend und mehr Honoratioren, um mit der amerikanischen Regierung nebst deren Gattinnen zu frühstücken, zu beten und besinnliche Botschaften anzuhören.

Da amerikanische Honoratioren öfter die Gelegenheit haben, ihren Präsidenten zu sehen, sind sie nicht so wahnsinnig darauf erpicht, zwischen dünnem Kaffee, Heidelbeer-Muffins und nationalen Fürbitten hin- und herzupendeln. Dafür hat sich das Treffen zu einem beliebten Ausflugsziel europäischer, speziell deutscher, Parlamentarier entwickelt, die auf diese Weise zwanglos einen gemeinsamen Auftritt mit dem mächtigsten Mann der Erde ergattern. Manche Abgeordnete treffen sich dort häufiger als daheim und verabreden sich gleich wieder fürs nächste Jahr.

Der Rest ist reine Routine. Sie müssen sich einen Platz möglichst nahe der Ehrentribüne reservieren lassen und sollten der Deutschen Botschaft in Washington sicherheitshalber Ihren dringenden Wunsch, dem Präsidenten vorgestellt zu werden, übermitteln. Außerdem müssen Sie natürlich für einen Fotografen sorgen.

Wenn die Hymne gesungen und die Veranstaltung für beendet erklärt ist, drängen Sie entschlossen zur Tribüne und reihen sich in die Schlange der Wartenden. Keine Angst, der Präsident entflieht nicht, er weiß Bescheid. Spätestens im unterirdischen Gang, durch den er zu seiner Wageneskorte geleitet wird, erwischen Sie ihn.

Ihr Pressereferent kann dann das Foto, das Sie strahlend mit *Mr. President* zeigt, dem örtlichen *AP*-Büro geben, um es stantepede als Funkfoto nach Deutschland senden zu lassen. Telefonisch wird er einen kleinen Begleittext dazu dichten, etwa des Inhalts, daß Sie anläßlich Ihres USA-Besuchs mit dem amerikanischen Präsidenten zusammengetroffen seien und in einem offenen, freundschaftlichen Meinungsaustausch beiderseitig interessierende Fragen erörtert und den Präsidenten zu einem Besuch Ihres Landes eingeladen hätten.

Bild und Bildunterschrift werden in der Heimat gut ankommen, der Präsident wahrscheinlich nicht. Das macht aber nichts, weil Sie hinfort schwarz auf weiß nachweisen können, daß Sie von Amerikas erstem Mann empfangen worden sind und sich diese Tatsache hervorragend ausschlachten läßt, bis hin zur nächsten Wahlkampfbroschüre. –

Die Möglichkeiten, das Medium Presse zu manipulieren, sind enorm. Nicht so sehr die Verbreitung schierer Unwahrheiten steht dabei im Vordergrund, obwohl ein Rundfunkjournalist meint: „Manche Politiker halten es schon für Politik, Journalisten anzulügen." Das Risiko, ertappt zu werden und einen Skandal zu provozieren, ist den meisten aber doch zu hoch – abgesehen davon, daß es immer noch Politiker gibt, die von ethischen Grundsätzen nicht nur reden, sondern sie auch zu praktizieren suchen.

Häufiger als auf plumpe Falschaussagen trifft man auf Mitteilungen, die durch Weglassen oder Hinzufügen so geschönt sind, daß der Eindruck, den sie erzeugen, die Realität weit übertrifft.

Der absichtlich herbeigeführte Als-ob-Effekt gehört zum Standardrepertoire politischen Marketings. Da man sich hierbei in bester Gesellschaft kommerzieller Werbung und boulevardjournalistischer Arbeitsweisen befindet, ist vielen Pressereferenten das Gespür, daß es sich dabei um Manipulation handeln könnte, glatt abhanden gekommen.

Unlängst reiste beispielsweise ein Wirtschaftsminister mit einer 32köpfigen „Wirtschaftsdelegation" nach Südamerika. Hinter dieser Meldung vermutet der Leser mit Recht, daß ein Großteil der Begleitmannschaft aus exporthungrigen Unternehmern bestand – wer sollte auch sonst ein Interesse daran haben, mit dem Minister 12 000 Kilometer entfernt auf strapaziöse *Shake-hands-*Tour zu gehen?

Wüßte der Nachrichtenkonsument dagegen, daß sich unter den 32 Delegationsmitgliedern allein zehn Beamte bzw. Regierungsexperten und elf Journalisten befanden und von den restlichen elf „echten" Wirtschaftsvertretern sieben erst vor Ort mit dem Minister zusammentrafen (so die penible Recherche der *Schwäbischen Zeitung*), käme er über den Begriff „Wirtschaftsdelegation" vermutlich ins Grübeln. Um das zu verhindern, wurde die Zusammensetzung der Gruppe gar nicht erst offengelegt – und die mitreisende *Bild*-Zeitung berichtete wacker mal von 55, mal gar von 80 flankierenden „Firmenchefs" aus dem ganzen Land.

Das Verschweigen wesentlicher Begleitumstände kann – schon Bismarck wußte es, als er die *„Emser Depesche"* sinnentstellend verstümmelte – ein Ereignis in sein genaues Gegenteil verkehren. Aus einem dutzendfach ausgeteilten Händedruck wird dann ein singuläres Spitzengespräch, die eher mäßig nachgefragte Wirtschaftsreise gerät zum beeindruckenden Unternehmerkorso.

Die Versuchung, Alltägliches und Selbstverständliches zu staunenswerten Leistungen aufzublasen, ist groß. Erfolge werden überhöht und als Gipfelpunkt einer klug-vorausschauenden Politik des Amtsinhabers gefeiert. Mißerfolge, sofern sie sich nicht unterdrücken lassen, werden anderen angelastet oder durch Vergleiche mit noch schlechteren Alternativen relativiert.

Die politische Lebensregel des britischen Premierministers (1916 bis 1922) David Lloyd George: *„What you can't square, you squash; what you can't squash, you square"* (etwa: „Unterdrücke, was du nicht hintrimmen kannst; trimm hin, was du nicht unterdrücken kannst") ist medienpolitisch aktuell wie eh und je.

Daran, daß dies so häufig und so gut funktioniert, sind die Medien zum großen Teil selbst schuld. Je offiziöser und pompöser der äußere Anstrich eines Geschehens, umso unkritischer kauen Journalisten wieder, was ihnen vorgesetzt wird.

Kommuniqués bei Konferenzen und Staatsbesuchen werden mit derselben weihevollen Habacht-Haltung an den Leser oder Zuschauer weitergereicht, mit der sie in Empfang genommen wurden – auch wenn es sich um die

111

bloße Aneinanderreihung von Floskeln handelt. Über Pressekonferenzen wird berichtet, „selbst wenn alle Berichterstatter sich verarscht fühlen", wie es ein Journalist drastisch formuliert. Reisen, an denen man teilnimmt, sind *per se* wichtig und erfolgreich, sonst wäre man nicht dabei.

Der Narzismus, die Nähe zur Macht für einen Spiegel eigener Bedeutsamkeit zu halten, ist weit verbreitet. Mehr noch: „Für viele Journalisten sind die Begegnungen mit den Mächtigen und ihren Hilfstruppen zum wichtigsten Realitätskontakt geworden", schreibt der Bonner *Spiegel*-Korrespondent Jürgen Leinemann im *Spiegel-Special „Die Journalisten"*. Und Eckart Spoo, lange Jahre Vorsitzender der *Deutschen Journalisten-Union,* fügt ironisch an: „Je mehr Journalisten bei einem Ereignis anwesend sind, desto wichtiger muß es sein".

Wer mit dieser Grundeinstellung arbeitet, ohne sich von Zeit zu Zeit selbstkritisch zur Normalität aufzurufen, ist ein dankbares Manipulationsobjekt. Er verliert die journalistisch gebotene Distanz zur Politik und den Kompaß für die Richtungsbestimmung eigenen Tuns. Unversehens sitzt man mit den Hintrimmern und Unterdrückern in einem Boot, statt sie zu korrigieren und bloßzustellen.

„Ein Schmiergeld namens Nähe" hat Peter Zudeick den Vorgang genannt. Mit diesem Schmiergeld wird reichlich gezahlt – in der Provinz ebenso wie in Bonn, wo sich Politiker und Politikbegleiter unablässig gegenseitig auf die Pelle rücken. Und es sind keineswegs nur die kleinen Lichter und „regierungsfromme" Gazetten, die sich im Glanz der großen Namen sonnen.

Ein Redakteur einer Zeitschrift, die sich zu den kritischen im Lande zählt, plaudert aus der Schule: „Es gibt bei uns Redakteure, die nur Händedrücke sammeln und damit karrieremäßig sehr gut gefahren sind. Nichts zählt mehr als ein Foto, auf dem ein Redakteur mit einem Potentaten abgebildet ist. Wer das nicht mitmacht, hat es ganz eindeutig viel schwerer. Die Sucht von Chefredakteuren und Herausgebern auf Gesprächsbilder mit den Großen dieser Welt übertrifft alles, was Sie sich vorstellen können."

Und er nennt Vorgänge, die zur Profilierung benutzt werden:

Zum Beispiel Fotos von leitenden Blattmachern mit Staatsmännern, denen aus harmlosen Begrüßungsfragen und -antworten montierte Kurzinterviews untergeschoben werden, um dem Leser ein exklusives Gespräch vorzutäuschen.

Oder schriftlich eingereichte und ebenso beantwortete Fragen, die als Gesprächsinterview verkauft werden. „Als ich einmal ziemlich empört einige Zusatzfragen stellte, denn der Politiker wich uns ungeheuerlich aus," so der Redakteur, „schnauzte mich nicht nur der Politiker an, das stünde nicht im Manuskript, sondern auch mein Chef warf mir wütende Blicke zu mit der Aufforderung, meine Fragerei einzustellen".

Auch Repräsentationsfonds in sechsstelliger Höhe für Chefredakteure, die regelmäßig Politiker zu sich nach Hause oder in ihr Feriendomizil einladen, gehören in diesen Zusammenhang.

Für erfahrene Politiker ist es ein leichtes, aus dieser Sucht nach Anerkennung und Selbstbestätigung, die in den oberen Führungsetagen deutscher Medienunternehmen grassiert, Kapital zu schlagen. Persönliche Telefonate, die der Chefredaktion schmeicheln (Beispiel aus der Tagebuch-Kolumne von *Focus*-Chefredakteur Helmut Markwort: „Dienstag. Überraschend ist Norbert Blüm am Telefon ..."), familiäre Einladungen und die Präsenz bei Hochzeiten und runden Geburtstagen (möglichst per Hubschrauber, um das Außergewöhnliche des Anlasses zu unterstreichen) zählen zur gängigen Münze des Schmiergelds Nähe.

Gemeinsame sportliche Betätigungen wie Golf, Tennis oder Joggen ebenfalls. Der Autor war sehr überrascht, als er einmal beim Anruf im Privathaus eines Bonner Ministers statt des Politikers den Korrespondenten eines Nachrichtenmagazin an der Strippe hatte.

„Hallo, was gibt's?" fragte der Pressemann unbefangen, „... ist nicht da, er ist mit einem Redaktionskollegen joggen gegangen. Ich komm' gleich nach. Soll ich ... was ausrichten?"

Besonders bei Bundes- und Landespressebällen äußert sich das Prestigebedürfnis der Schreibenden und Sendenden, die sich zu den Prominenten rechnen, ungebremst. Wer hat einen Minister an seinem Tisch, wer nicht? Wen begrüßt der Bundespräsident, der Kanzler, der Ministerpräsident per Handschlag, wem nickt er bloß zu? Wer schafft es, einen bedeutenden Amtsträger an die Bar abzuschleppen und in ein intimes Zweiergespräch zu verwickeln, so daß der Kollegenneid blüht? Die Mitarbeiterinnen der Organisationsbüros wissen ein Lied davon zu singen, welche Plazierungskämpfe im Vorfeld von Pressebällen ausgetragen werden.

Keine Frage, daß bei solch intensivem politischem Hautkontakt manche nützlichen Informationen für Journalisten abfallen. Keine Frage aber auch, daß routinierte Politiker nur das weitergeben, was sie weitergeben *wollen,* um Journalisten als „Kommunikationswirte" für bestimmte Zwecke zu benutzen.

„Journalisten fühlen sich erhöht, wenn Politiker mit ihnen saufen", sagt der ehemalige Bonner Büroleiter einer Tageszeitung. „Die wirklichen politischen Profis in Bonn bleiben dabei aber nüchtern. Die eigentliche Gerüchtebörse läuft unter den Journalisten selbst." Und ein Zeitschriftenredakteur ergänzt: „Gewiefte Politiker fütterten uns oft mit Farbe, weil sie wußten, daß wir darauf aus waren. Für unser Prestige wichtig war immer, daß wir neben den offiziellen Briefings unsere Privatissimi bekamen. Dafür hielten die Politiker bestimmte Informationen zurück, die sie dann gezielt abgaben."

Übergroße Nähe erzeugt Befangenheit, nicht selten Kumpanei. Das Gefühl, von gleich zu gleich mit den Mächtigen verkehren zu können, macht aus manchen Chefredakteuren und Herausgebern Machtkomplizen, die journalistischem Enthüllungseifer genauso mißtrauisch gegenüber stehen wie ihre Freunde, die Politiker.

Dazu ein Insider: „Die Leute aus dem zweiten Glied sind für die Leitenden immer eine große Gefahr. Nur sie sind in der Regel bereit, wirkliche Skandale aufzudecken und die notwendigen Recherchen dafür zu unternehmen. Die meisten großen Affären, behaupte ich mal, sind nicht nur vom mittleren Redakteursrang recherchiert, sondern praktisch gegen den Willen der Oberen ins Blatt gehoben worden. Die Palette der internen Erpressung reicht vom Breittreten der Geschichte unter den Kollegen bis zur Drohung, dann würde die Konkurrenz sie bringen.

Irgendwann weichen die Oberen dann dem Druck und heben die Story ins Blatt."

Es komme auch vor, sagt er, daß sich Kollegen bei großen Affären zunächst „den Mund fusselig redeten, um die Dinge publik zu machen", während sie später in höheren Positionen durchaus Scheu vor weiteren Enthüllungen zeigten.

Wer soviel Flexibilität beim Rollenwechsel aufzubringen vermag, der stellt Bedenken, die sich aus dem journalistischen Berufsethos ergeben könnten, ohne große Gewissensbisse zurück. Die Furcht, durch das Ablehnen manipulativer Zumutungen des machtpolitischen Schmiergeldes und des davon abgeleiteten eigenen Prestiges verlustig zu gehen, überwiegt – zumal dem ahnungslosen Leser das Spiel hinter den Kulissen ja stets verborgen bleibt.

Auch der Autor hatte als junger Assessor einen Fall erlebt, in dem ein Chefredakteur ein schriftlich eingereichtes „Interview" als frei geführtes mündliches Gespräch abdrucken ließ und diesen Eindruck durch ein *Shake-hands*-Foto mit dem Politiker untermauerte.

Der – etwas naive – Glaube, mittlerweile ließen sich Journalisten und Redaktionen nicht mehr so bereitwillig als Staffage mißbrauchen, kam dem Autor im Verlauf der Recherchen zu diesem Buch ziemlich abhanden.

Mehr als einmal wurden ihm krasse Fälle wie dieser zugetragen: Ein Pressesprecher, der früher als Redakteur einer Nachrichtenagentur gearbeitet hatte und dann in eine süddeutsche Staatskanzlei überwechselte, habe der Agentur angeboten, „Korrespondentenberichte" über eine Auslandsreise seines Ministerpräsidenten zu schreiben. Dafür, so seine Begründung, könne die Redaktion auf die kostspielige Entsendung eines eigenen Journalisten verzichten.

Die Nachrichtenagentur soll das anstandslos akzeptiert haben. Die – wie auch anders – durchweg wohlwollenden Beiträge des Pressesprechers, so der journalistische Informant, seien als Agenturmeldungen verbreitet worden.

Spätestens da war klar: Es hat sich nichts geändert.

„Und, wie geht's in der Provinz?"

In keiner anderen deutschen Stadt tritt die journalistische Nähe zu den Mächtigen stärker zutage als in Bonn. Nirgendwo sonst gibt es so viele Zirkel, in denen Gerüchte, Tratsch, Rivalitäten und Rankünen wuchern, stellt sich die „pathologische Symbiose" (Reimar Oltmanns) zwischen Politik und Medien so offen und ungeniert zur Schau.

Wird in der Provinz *Kabale und Liebe* gegeben, muß es in Bonn *König Richard III.* sein. Treffen sich in Hannover oder Stuttgart Journalisten mit demselben Parteibuch zum gelegentlichen Stammtisch, wird in Bonn ein Initiationsritus daraus.

„Der Vereinnahmungsdruck, sich politisch rechts oder links zu bekennen, ist sehr stark", sagt ein ehemaliger Bonner Büroleiter. Auch der frühere *Stern*-Korrespondent Hans Peter Schütz bestätigt: „Es gibt zu viel Parteibuchjournalismus und ein falsches Rollenverständnis. Als Folge dieser Parteipolitisierung der Bonner Presse sind Journalisten mit Äquidistanz (gleichem Abstand, d.A.) zu allen Bonner Parteien eine kleine Minderheit."

Auf höchstens ein Drittel schätzt ein langjähriger Beobachter die Zahl der unabhängigen Bonner Journa-

listen. Bei rund 700 in Bonn akkreditierten Pressever-
tretern sind das nicht viel mehr als 230 – nicht gerade ein
Aushängeschild deutscher Pressefreiheit!

Den Luxus der Ungebundenheit muß ein neuer Korrespondent zudem durch eine wesentlich längere Einge-
wöhnungszeit erkaufen. Auch findet er schwerer Zugang
zu Quellen, die fast immer aus parteipolitischen Brünn-
lein fließen. Viele Zentralredaktionen halten deshalb
eine „Äquidistanz" ihrer Bonner Repräsentanten gar
nicht für wünschenswert.

„Die Auswirkungen der parteipolitischen Polarisie-
rung sind mitunter skurril", erzählt ein Chefredakteur.
„Rechte und linke Journalisten grüßen sich zum Teil
nicht einmal und reden nicht miteinander."

Die Feindschaft erstreckt sich auch auf die jeweiligen
Publikationsorgane: „Es kommt gar nicht selten vor, daß
einer aus Prinzip die *Frankfurter Rundschau* nicht liest,
weil die ihm zu rot ist, ein anderer den *Bayernkurier*
nicht einmal mit der Kneifzange anfassen mag, weil der
ihm zu schwarz ist" (Hans Peter Schütz).

Institutionalisiert wird der Anpassungsdruck durch
eine Unmenge von Journalistenkreisen, in denen In-
formationschancen gegen korporatives Bekennertum
eingetauscht werden können. Rund zwei Dutzend fester
Vereinigungen mit Vorsitzenden, Mitgliedern und Re-
gularien haben sich im Nachrichten- und Gerüchtebasar
der deutschen Ex-Hauptstadt zum Zwecke politischer
Kontaktpflege etabliert.

Die meisten Kränzchen wurden von Journalisten ins
Leben gerufen. Einige sind aber auch von Politikberatern
initiiert, deren Einfluß bis in den innersten Bezirk des
Kanzleramts hineinreicht. Die Mitgliederzahl der Kreise

schwankt zwischen zehn und über vierzig; manche sind erst wenige Jahre alt, andere bestehen seit den Tagen der Adenauer-Republik. Richtig in Mode kam die Zirkelei aber erst mit der sozialliberalen Koalition 1969, als sich Befürworter und Gegner dieses Bündnisses nach Art publizistischer Kampftruppen zu organisieren begannen.

Nachfolgend sollen die wichtigsten Einrichtungen dieser Art kurz skizziert werden.

Im *Brückenkreis* versammeln sich vorwiegend konservative Journalisten, die der CDU/FDP-Bundesregierung im Grundsatz positiv gegenüberstehen. Nicht ohne programmatischen Hintersinn tagt man rechts des Rheins, weshalb Gäste aus dem linksrheinisch gelegenen politischen Bonn über die Brücke anreisen müssen. Noch eindeutiger zu CDU und CSU bekennen sich die Mitglieder der *Unions-Presse.*

Die *Gelbe Karte,* zu Beginn der sozialliberalen Koalition von einigen journalistischen Speerspitzen der Achtundsechziger Generation gegründet, ist ein Zusammenschluß von Korrespondenten, die entweder der SPD angehören oder ihr doch sehr nahestehen. Gezückt wurde die *Gelbe Karte* viele Jahre lang von Sten Martenson, dem jetzigen Pressesprecher der Bundes-SPD, der unter anderem für die *Stuttgarter Zeitung* aus Bonn berichtete und auch der Bundespressekonferenz lange Jahre vorstand. Jetzt ist Peter Jansen *(Westfälische Rundschau)* oberster Kartengeber.

Rundfunkjournalisten mit sozialliberaler Ausrichtung empfangen darüber hinaus noch auf einer anderen Welle, der *Antenne.*

Die *Lila Karte* war der erste Bonner Journalist*innen*-Kreis. Ende der achtziger Jahre gegründet, gehören ihm profilierte TV-Journalistinnen wie Ute Pauling und Johanna Holzhauer (beide *ARD*) oder die Korrespondentin der *Frankfurter Rundschau,* Ada Brandes, an. Mittlerweile hat sich ein weiterer Frauenzirkel gebildet, *Das rote Tuch,* das für ein stilvolles gastronomisches Ambiente seiner Zusammenkünfte bekannt ist.

Als *Die Kiebitze* bezeichneten sich verärgerte Bonner Newcomer, die 1987 in den etablierten Kommunikationslogen keine Aufnahme fanden und deshalb beschlossen, ein Gegengewicht zur Majorisierung durch Bonner Platzhirsche schaffen zu wollen. Das politische Spektrum der Gruppe, die von dem *Focus*-Redakteur Stefan Reger geleitet wird, reicht von rechts bis weit links.

Auch das *Wespennest* verdankt seinen Bau der zornigen Erkenntnis junger Journalisten, als Neulinge in Bonn zunächst einmal weit hinten anstehen zu müssen. Markenzeichen der Stachelträger sind Studentenkneipen wie das „*Wespennest*", in die eingeladene Politiker zum „Verhör" abgeschleppt werden.

Die älteste und zugleich elitärste Vereinigung ist der *Ruderclub,* benannt nach seiner montäglichen Tagungsstätte, dem „Bonner Ruderverein". Zugelassen sind nur Bonner Büroleiter, die Aufnahme jedes Neumitglieds muß einstimmig erfolgen. Mitte der sechziger Jahre ins Leben gerufen, hat der als regierungsnah geltende Kreis regelmäßig den Regierungssprecher zu Gast, weswegen er als eine Art Sprachrohr des Bundeskanzleramts gilt. Heinz Schweden, Korrespondent der *Rheinischen Post* in Bonn, führt die Geschäfte.

Auch die ostdeutschen Korrespondenten sind inzwischen korporiert, und zwar im *Koko Bonn.* Hinter der nicht zufällig an Alexander Schalck-Golodkowskis „Kommerzielle Koordinierung" gemahnenden Abkürzung verbirgt sich das *„Korrespondenten-Kollektiv Bonn"*, das den Kollegen aus den neuen Bundesländern einen besseren Zugang zur rheinischen Informationsbörse verschaffen will.

Für eine andere Institution, den *Berliner Stammtisch,* brachten die schicksalhaften Ereignisse des Jahres 1990 dagegen das Aus. Mit ihrem Entstehungsdatum 1951 waren die „Berliner" zwar konkurrenzlos das „älteste Haus am Platze", aber eben auch ein Produkt des Kalten Krieges. Auf spektakuläre Weise zeigte sich das, als der Stammvater des Kreises, der Däne Bonde-Henriksen, den 1954 in die DDR übergewechselten Präsidenten des Amts für Verfassungsschutz, Otto John, in einer Nacht- und Nebelaktion zurück in die Bundesrepublik schleuste. Zu den festen Einrichtungen des Stammtischs zählte jedes Jahr eine dreitägige Reise an die Spree auf Einladung des Berliner Senats. Nach dem Fall der Mauer hatte sich der *Berliner Stammtisch* überlebt; er wurde aufgelöst und ging teilweise im *Deutschen Presseclub* auf.

Einen Kreis von Regionaljournalisten, genannt *Die Provinz,* rief Hans Peter Schütz in seiner Zeit als Korrespondent der Ulmer *Südwestpresse* ins Leben. Heute kümmert sich der Korrespondent der *Stuttgarter Zeitung,* Burkhard von Pappenheim, in vorderer Linie um die Interessenwahrung regionaler Medienvertreter. Da aber Deutschlands Hoch angeblich im Norden liegt, bezogen Korrespondenten norddeutscher Blätter daneben noch eine eigene Insel, den *Zeeck-Kreis.*

An regionale Spezialitäten läßt auch die Bezeichnung *Baden-Württemberg-Kreis* denken. Doch rührt die Namensgebung dieser parteipolitisch heterogenen Runde von ihrem Sitzungsraum her, der gemütlichen „Schwarzwaldstube" in der baden-württembergischen Landesvertretung. Früher hieß das Gremium aus demselben Grund *Saar-Kreis,* bis Oskar Lafontaine sie aus der saarländischen Landesvertretung hinauskomplimentierte – ein klarer Fall pressepolitischen Asylantentums. Politiker wissen im übrigen, daß Gespräche in dieser Runde, wenn nichts anderes vereinbart ist, „unter zwei" laufen, also ohne Quellenangabe zitierfähig sind.

Die Einrichtung eines *Weißblauen Stammtischs* in der bayerischen Landesvertretung geht auf die Initiative des ehemaligen stellvertretenden Regierungssprechers Norbert Schäfer zurück.

Zur Gattung fachlich orientierter Journalistenzirkel gehören *Das Ohr,* der *Vier Sterne Kreis* und die *Europäische Runde.* Ersterer widmet sich außenpolitischen Themen und leitet seine Bezeichnung, wie unschwer zu erkennen, von Ex-Außenminister Hans-Dietrich Genscher ab, letzterer befaßt sich mit europapolitischen Fragen. Die Sterne-Gläubigen sind wehr- und sicherheitspolitisch engagierte Journalisten, die sich von Verteidigungspolitikern und Tressenträgern Lageberichte geben lassen.

Eine Institution eigener Art ist der *Deutsche Presseclub.* Etablierte Journalisten, die zum Teil auch außerhalb Bonns wohnen und arbeiten, treffen sich jede Woche in einem von der Bundesregierung zur Verfügung gestellten Gebäude zu gemeinsamem Essen und Diskutieren. Das Club-Entrée ist schwierig, da die Aufnahme eines neuen Mitglieds in geheimer Abstimmung von einer Zweidrittel-Mehrheit gutgeheißen werden muß. Die Gespräche laufen durchweg „unter drei". Der *Deut-*

sche Presseclub ist auch Anlaufstelle für Pressekonferenzen von Verbänden und Vereinigungen, die keinen Termin bei der Bundespressekonferenz bekommen.

Bonner Spitzenpolitiker scharen darüber hinaus Journalisten in wechselnder Besetzung um sich. Bereits zu Adenauers Zeiten gab es sogenannte *Teegespräche* mit einer Handvoll Multiplikatoren, denen der „Alte" listig das staatstragende Gefühl vermittelte, zu seinen engsten Medienberatern zu zählen. Erhard, Kiesinger und Brandt setzten diese Tradition fort, wobei die Runde immer mehr anschwoll und zu einer reinen Prestigeangelegenheit wurde. Bundeskanzler Kohl lädt zweimal im Jahr mehr als fünfzig Korrespondenten in den Kabinettssaal ein und bewirtet sie mit Pfälzer Wein und Informationen, die selten hintergründiger sind als eine offizielle Pressekonferenz.

Zelebriert der Kanzler gar seine jährliche Pressefahrt mit dem Sonderzug in die Pfalz, gleicht der Lindwurm der über dreihundert Journalisten, die hinter ihm durch die Weinberge marschieren, eher einer Prozession denn einer Demonstration von Medienmacht. Mit Käsekuchen und Lokalkolorit hält Kohl die Kritiker bei Laune und nutzt nebenbei die Gelegenheit, Lob und Tadel zu verteilen und neue Korrespondenten zu begutachten.

SPD-Fraktionschef Rudolf Scharping reist mittlerweile ebenfalls mit einem Bonner Pressebähnle in seine Heimat, allerdings eine Nummer kleiner. Auch dieses Schattenkanzler-Privileg machte ihm sein härtester innerparteilicher Konkurrent, Niedersachsens Ministerpräsident Gerhard Schröder, im August 1995 streitig, indem er die Bonner Journaille zeitgleich mit dem SPD-Vorsitzenden in *sein* Stammland einlud.

In den Landesvertretungen der SPD-regierten Länder frühstückt Scharping vor jeder Plenarsitzung des Bundestags mit ausgewählten Redakteuren und erläutert die aktuelle SPD-Politik – eine Übung, die er von dem peniblen Hans-Jochen Vogel übernommen hat.

Sein Pendant, der CDU-Fraktionsvorsitzende Wolfgang Schäuble, teilt gleichfalls, wenn auch nicht so regelmäßig, Kaffee und Brötchen mit rund zwei Dutzend Journalisten, ohne daß die Gespräche personell oder zeitlich von vornherein festgelegt sind.

Die Wirkungen dieser und anderer Zirkel sind zwiespältig. Hans Peter Schütz nennt sie „eher verhängnisvoll als hilfreich im Sinne von mehr Transparenz des Politikbetriebs". Zwar fließen kontinuierlich Informationen – doch über deren Qualität besagt das wenig. Die Profis unter den Bonner Politikern hüten sich selbst „unter drei", Mitteilungen weiterzugeben, die sie geheimhalten wollen. Sie wissen, daß die Journalistenkreise von den Nachrichtenmagazinen regelmäßig auf news hin „abgeschöpft" werden – zum Teil gegen Bares. So wechseln oft nur wichtigtuerische Spekulationen nachrangiger Politiker oder aber die von „alten Hasen" berechnend plazierten Statements den Besitzer.

Vor allem in den parteipolitisch und fachlich ausgerichteten Zusammenschlüssen führt das häufig zu einem konformistischen Meinungsbild. „An drei bis vier Tagen kann man dann hintereinander dieselben Kommentare lesen", weiß ein Bonner Journalist. Ein anderer geht noch darüber hinaus: „Wer sich in den Bonner Zirkeln auskennt, kann nach der Lektüre der Tageszeitungen genau sagen, welcher Kreis mit welchem Politiker getagt hat".

Wer freilich, wie der normale Zeitungsleser, nicht mit den Spielregeln der Zirkelei vertraut ist, dem bleibt verborgen, in welchem Maße knallhart gelenktes Meinungsmanagement die Kommentare und Berichte unserer Medien beeinflußt. Selbst Zentralredaktionen, die sich auf „Insiderkenntnisse" ihrer Bonner Korrespondenten nicht wenig zugute halten, durchschauen nicht immer deren politisch manipulierte Herkunft.

Somit erweisen sich die angeblichen Umschlagplätze „heißer" Nachrichten eher als sprachregulierende Einbahnstraßen, die umso leichter zu befahren sind, je größer das politische Gewicht der Informanten ist. Darüber hinaus bietet die bei den meisten Zirkeln bekannte politische Grundausrichtung Politikern und Pressestellen eine willkommene Handhabe, Journalisten zu klassifizieren, eventuell sogar zu kontrollieren.

„Die Politik beobachtet einen ständig und richtet ihr Verhalten danach aus, wie man zu ihr steht", sagt ein Journalist. Das dichte Netzwerk einer „Vertraulichkeit mit dem Zweck späterer Verwendung" erleichtert diese parteitaktische Supervision und ist – so *Spiegel*-Korrespondent Leinemann – „als Mittel der Manipulation und Bestechung eine überaus taugliche Methode".

Kein Wunder, daß bei „sehr vielen Korrespondenten ... eine überhohe Duldsamkeit mit der eigenen Partei unübersehbar ist", wie Hans Peter Schütz kritisch anmerkt. Negative Töne würden oft nur dann angeschlagen, wenn es sich überhaupt nicht mehr vermeiden lasse.

Eine weitere bedenkliche Folgeerscheinung ist der aus dem Gefühl politischer Exklusivität gespeiste Realitätsverlust mancher Bonner Journalisten, der mit einer zuweilen grotesken Selbstüberschätzung einhergeht.

Nach Jahren eines ebenso illustren wie isolierenden Borddienstes im „Raumschiff Bonn" verringert sich die kritische Distanz zu Politikern, Lobbyisten und hohen Beamten; das Unterscheidungsvermögen zwischen echten und scheinbaren Problemen wird unscharf. Man ernährt sich, nach Astronautenart, von einem aromatisierten Tubenmix künstlicher Konzentrate und hält die politische Raumstation für die kosmische Realität allen Lebens.

„Anderswo soll sich Leben regen? Vergiß es", schreibt Jürgen Leinemann sarkastisch. „Alles, was über das Treibhaus, das Raumschiff und den Inzuchtbetrieb Bonn gesagt wird, stimmt!", bekräftigt ein früherer Bonner Korrespondent.

Er erinnert sich lebhaft, wie fassungslos Roman Herzog reagierte, als er – noch in seiner Eigenschaft als Karlsruher Bundesverfassungsrichter – mehrfach von Bonner Journalisten leutselig gefragt wurde: „Und, wie geht's in der Provinz?" Herzog, kopfschüttelnd: „Damit meinten die aber nicht etwa nur Karlsruhe, sondern auch Frankfurt, München und Hamburg!"

Nicht nur geografische Maßstäbe verzerren sich bei soviel Nesthockerei. Auch das Wahrnehmungsvermögen für lebenspraktische Themen, die den Bürgern auf den Nägeln brennen, nimmt Schaden. Wo kinderreiche Familien, Alleinerziehende, Arbeitslose oder Sozialhilfeempfänger der Schuh drückt, wird oft erst als Reflex offizieller Bekanntmachungen registriert. Besonders Zeitungen in den neuen Bundesländern haben öfter mal ihre liebe Not mit „Wessi"-Korrespondenten, die über alles schreiben, nur nicht über das, was in Magdeburg, Rostock oder Chemnitz interessiert.

Politische Betriebsblindheit regiert im Bonner Glaspalast, der einer Käseglocke ähnlicher ist als einem Gewächshaus repräsentativ-demokratischer Anpflanzungen. Sich ständig am Rande von Bundestag und Bundesrat, nach Parteisitzungen, auf Empfängen, in Landesvertretungen, Ministerien, Journalistenkreisen oder bei der dreimal wöchentlich tagenden Bundespressekonferenz zu begegnen, macht immun gegen die Zugluft des Normalen und Wirklichen.

Das Aufarbeiten von Themen weicht einem routinierten Häppchen-Journalismus, der auf Korridoren und an kalten Buffets aufschnappt, was Politiker an Verbalkanapees fallen lassen. Recherchen über schwierige Zusammenhänge werden der hedonistischen Befriedigung an personalpolitischen „Quickies" geopfert. Über Politik genau und unbestechlich zu berichten, ist mühsamer und hat weniger Reiz, als selbst Politik zu machen und dabei die gesellschaftlichen Vorzüge eines Quasi-Prominentenstatus' zu genießen.

Vor allem altgediente „Bonner" fühlen sich öfter als verkannte Politiker, die es besser könnten, wenn man sie nur ließe. Das „Alles schon mal dagewesen"-Gefühl ist weit verbreitet und führt zu einer zwischen mildem Spott und blankem Zynismus schwankenden Zensorenschaft, mit der jeder über jeden redet.

Journalistisch kommt dabei nicht viel heraus, wohl aber, wie die Wiener sagen, jede Menge „Schmäh". Damit wird das Rad der großen und kleinen Pseudo-Ereignisse in Schwung gehalten, auf dem einer mal oben sitzt und mal unten auf der Nase liegt, je nach Fortune. Wer oben ist, wird umlagert und hofiert, wen es erwischt hat, der bekommt nach Art chinesischer Kulturrevolutionäre einen Schandhut aus hämischen Kommentaren aufgesetzt und muß damit eine Weile durchs Dorf laufen. Macht er ein miesepetriges Gesicht dazu, ist er ein Spielverderber, der sowieso am Rhein nichts zu suchen hat.

Harter, zupackender Tatsachenjournalismus gedeiht in diesem Klima nur schwerlich. Skandale werden in aller Regel nur von den Nachrichtenmagazinen *Spiegel, Focus* und *Stern* aufgedeckt, deren Bonner Büros als Horchposten und Anlaufstellen für in Hamburg und München konzentrierte Recherchekapazitäten fungieren. Dabei spielt Geld eine größere Rolle als Investigation.

„Bei der Aufdeckung fast aller bedeutenden Skandale der letzten fünfzehn Jahre war Bakschisch im Spiel", behauptet ein einschlägig erfahrener Bonner Redakteur, der sich überhaupt nur an einen Fall erinnern kann, in dem für skandalträchtige Informationen nicht die Hand aufgehalten wurde. „Da kam ein Beamter zu uns und sagte, er müsse uns etwas mitteilen, um sein Gewissen zu erleichtern. Wir waren baß erstaunt, daß er dafür kein Geld wollte."

Außerhalb eines solchen Scheckbuch-Journalismus' sind regionale Korrespondenten mit guten Kontakten zu Schwerpunkt-Staatsanwaltschaften beim Zusammentragen von hieb- und stichfestem Material oft erfolgreicher als die Bonner Gerüchte-Börsianer. Von dort kommen zwar manchmal erste Fingerzeige, selten aber vollständige Informationen. Dafür wird umso mehr aufgeregt-schrille Begleitmusik produziert.

So zeigt sich die Bonner Journalistenszene im Alltag als konstitutiver Teil eines Politikbetriebs, dessen publizistische Vermarktung öfter mal zum ungewollten Selbstporträt gerät. Die Nähe zur Macht ist Stimulans und Selbstbestätigung, ihr Verlust kommt einer Katastrophe gleich. Parteibuch und Klüngel, Eitelkeiten und Postenwirtschaft regieren auch in Redaktionsstuben reichlich. Die Parallelität zur politischen Unkultur ist unübersehbar und mitunter erschreckend.

Theoretisch ist das Problem allen bekannt, praktisch wird es verdrängt, weil es die wohlfeile Art, Journalismus im Kielwasser statt am Bug zu machen, stören würde. Die Politik kann damit leben – mehr noch, sie kann sich eigentlich nichts Besseres wünschen. Denn das Konzept, durch Einbinden einzulullen, geht meistens auf.

Wird es nach dem Umzug der wichtigsten Machtzentralen an die Spree so bleiben? Kritische Geister hoffen auf mehr publizistische Distanz und weniger politische Provinzialität. „Die Inzucht wird sich auflockern", sagt ein Chefredakteur hoffnungsvoll.

Ob damit aber auch schon das Panoptikum des schönen Scheins zum Stillstand kommen, die Selbstbespiegelung in den bunten Gläsern virtueller Wortwelten einer nüchternen Bestandsaufnahme des Istzustands weichen wird, steht in den Sternen.

Christo, Berlins neuer Verpackungs- und Vermarktungsstar, kriegt möglicherweise bald Konkurrenz.

„Mal umkrempeln"

Man sieht: Die *Gatekeeper* sind keine Unmenschen. Sie wissen um ihre Macht, aber sie lassen auch mit sich reden. Kleine Geschenke erhalten die Freundschaft. Und außerdem: Wem nützt eine frustrierte Politikerkaste, die sich auf ihre Möglichkeiten, die sie ja nun mal hat, besinnt?

Ein alter Journalistenschnack besagt, daß es im Verhältnis zwischen Politik und Presse vier Stadien gibt (für das verballhornende Französisch seien Frankophile vorab um Vergebung gebeten):

Erstens *Contactage*.

Zweitens *Donnage*.

Drittens *Frottage*.

Viertens *Finissage*.

Die beiden ersten Stufen sind zweifellos die schönsten, für alle Beteiligten. Geben und Nehmen stehen in einem fruchtbaren Verhältnis zueinander. Wie das konkret aussehen kann, zeigt folgendes Beispiel, das in Bonner Journalistenkreisen lange für Gerede sorgte:

Ein Meister der *Contactage* (Kontaktanbahnung) war ein früherer Bundesminister, der als Parlamentarischer Staatssekretär Anfang der achtziger Jahre wegen nicht immer ganz durchsichtiger Beziehungen zu nahöstlichen Geschäftsleuten ins Schußfeld eines Nachrichtenmagazins geriet. Die Karriere des Mannes schien beendet, bevor sie richtig begonnen hatte. Doch er wußte sich und anderen zu helfen. Das Nachrichtenmagazin nämlich litt schmerzlich unter dem Ende der sozialliberalen Ära, weil es dadurch einen zuverlässigen Informanten verloren hatte, der ihm nach jeder Kabinettssitzung *Quotes* – wörtliche Zitate von Regierungsmitgliedern – hinterbracht hatte. Gerade diese in Anführungsstriche gesetzten Politikerworte aber trugen viel zum Renommee des Druckwerks bei, erweckten sie doch den Eindruck, daß bei jedem Treffen der Bundesregierung ein Redakteur der Zeitschrift unterm Kabinettstisch gesessen und mitstenografiert hätte.

Also sprang der Staatssekretär beherzt in die Bresche und belieferte fortan das Bonner Büro der Zeitschrift mit taufrischen *Quotes* – genauso zuverlässig wie sein Vorgänger. Er wurde, sagt ein Journalist, der es wissen muß, zum „besten und eifrigsten Zuträger" eines Blattes, das die Regierung, der er angehörte, jede Woche neu verriß. Und siehe da: Die orientalische Story, auf deren Enthüllung „tout Bonn" gespannt wartete, wurde nie zu Ende geschrieben. Der Aufstieg des begabten Kommunikators konnte – vorerst – ungebremst weitergehen.

Gerade am Anfang von Politikerkarrieren wird reichlich kontaktiert und reichlich gegeben, um die Zugangsbarriere zur Bühne öffentlicher Aufmerksamkeit möglichst schnell zu überwinden. Ministerielle Pressestellen locken knausrige Zeitungsverlage mit dem Angebot vollbezahlter Journalistenreisen, damit der Chef seine ersten ausländischen Profilierungsübungen gleich vor großer Kulisse vollführen kann – mag es da auch einen Bundestagsbeschluß geben, wonach die Verlage für politische Delegationsflüge ihrer Redakteure den IATA-Gruppentarif zu entrichten haben, sogar bei der Benutzung von Bundeswehrmaschinen.

Politische Aufmerksamkeiten sind vielfältiger Natur, und sie können ein langes Leben entwickeln. Das Steuerprivileg für Mitglieder der Bundespressekonferenz gehörte dazu.

Eingeführt wurde es bereits unter Konrad Adenauer, um Journalisten die teure Lebenshaltung in Bonn zu erleichtern – so jedenfalls die damalige offizielle Begründung. Wohnungssuche, Restaurantessen oder die Anschaffung eines Smokings für den Presseball konnten in den fünfziger Jahren in der Tat Löcher in die Kassen mager bezahlter Korrespondenten reißen.

Das bald danach einsetzende Wirtschaftswunder machte aber natürlich auch um diese Berufsgruppe keinen Bogen. Die Gehälter stiegen, und Essen, die nicht als Spesen abgerechnet oder auf Staats- und Verbandskosten konsumiert werden, gehören inzwischen zu den absoluten Ausnahmen im Bonner Journalistenalltag. Trotzdem stieg der steuerliche Freibetrag zeitweise bis nahe 10 000 Mark, und er wurde über Jahrzehnte hinweg zäh verteidigt. Besonders die Bundespressekonferenz, an deren Mitgliedschaft das Benefiz gebunden war, wußte den öffentlich finanzierten Werbeeffekt stets zu schätzen.

Erst 1993 und nach entsprechenden Aufforderungen durch den Rechnungshof traute sich der Bundesfinanzminister, der Bundespressekonferenz das Steuerprivileg zu entziehen. Seit 1994 gibt es nur noch den für alle Journalisten geltenden monatlichen Freibetrag von 115 Mark.

„Reine Bestechung der Regierung" sei dieses Steuerprivileg gewesen, sagt ein ehemaliger Bonner Korrespondent. „Sachlich durch nichts mehr zu rechtfertigen", bestätigt ein anderer. Doch woran man sich einmal gewöhnt hat, läßt man ungern wieder los – wie auch die besonders preiswerte Gastronomie, die Politiker und Journalisten im *Deutschen Presseclub* gerne in Anspruch nehmen. Jedes Essen wird dort auf Steuerzahlers Kosten durch Zuschüsse verbilligt, in einem Gebäude, dessen Benutzung der Bund als Eigentümer gleichfalls großzügig subventioniert.

Und doch: Verglichen mit den Mitteln, sich auf *institutionellem* Wege personellen und parteipolitischen Einfluß zu verschaffen – mal durch *Donnage* (Gewähren) und mal durch *Frottage* (Herausfordern, sich aneinander reiben) – gehören derartige Dotationen zweifellos zu den Kopperschen Erdnüssen. Die Stärke der Politik, Medien so weit wie möglich gefügig zu machen, zeigt sich so recht erst beim öffentlich-rechtlichen Rundfunk und Fernsehen.

Um die Gründe dafür zu verstehen, muß man ein wenig in der deutschen Nachkriegsgeschichte kramen. Für die westlichen Alliierten war es nach dem Zusammenbruch des Hitlerregimes keine Frage, daß „das deutsche Rundfunkwesen ... sich nicht den Wünschen oder dem Verlangen irgendeiner Partei, irgendeines Glaubens oder irgendeines Bekenntnisses unterordnen" und „weder direkt noch indirekt eine Schachfigur der Regierung werden" dürfe (so die *Erklärung über die Rundfunkfreiheit in Deutschland* der amerikanischen *Information Controll Division* vom Mai 1946). Man hatte schließlich mit dem Goebbelschen Propagandainstrument „Großdeutscher Rundfunk" genügend abschreckende Erfahrungen gemacht.

Die von den Alliierten eingesetzten deutschen Politiker allerdings hatten ganz andere, an den staatlichen Rundfunk der Weimarer Zeit anknüpfende Vorstellungen. Sie hielten nur Parteien und Regierungen für fähig, einen demokratischen Rundfunk aufzubauen.

So ließ der schon einmal zitierte erste baden-württembergische Ministerpräsident Reinhold Maier – vor der 1952 erfolgten Gründung des Südweststaats in Stuttgart als von den Amerikanern eingesetzter Regierungschef Württemberg-Badens amtierend – 1947 in einer der ersten Sitzungen seines Kabinetts beschließen, daß „die Programmgestaltung (des *Süddeutschen Rundfunks,* d.A.) die Staatsregierung übernehmen" solle.

Andere Regierungschefs in den unter westalliierter Kontrolle stehenden Zonen dachten und handelten ähnlich. Sie legten ihren Militärregierungen Gesetzentwürfe vor, die von einem dominanten Regierungseinfluß auf Gremien, Strukturen und Programme der Sender gekennzeichnet waren. Der württembergisch-badische Rundfunk-Gesetzentwurf sah zum Beispiel eine zu 100 Prozent von der Regierung gehaltene „Rundfunkgesellschaft", einen von der Regierung bestellten Rundfunkrat und einen „Politischen Ausschuß" zur Kontrolle der politischen Programmteile vor.

In zähem Kampf und mit zahlreichen Mängelrügen versuchten die Alliierten, den Anspruch der deutschen Landesregierungen auf die politische Rundfunkdominanz zurückzudrängen. Es gelang ihnen nur unvollkommen – obwohl selbst General Lucius D. Clay, Militärgouverneur der amerikanischen Zone, noch Ende 1947 erklärte:

„Es ist die grundlegende Politik der US-Militärregierung, daß die Kontrolle über die Mittel der öffentlichen Meinung, wie Presse und Rundfunk, verteilt und von der Beherrschung durch die Regierung freigehalten werden muß."

Gewinner des Gerangels waren letztlich die in den Landtagen vertretenen Parteien. Ihre Befugnis, Vertreter in die Rundfunk- und Verwaltungsräte der neu entstehenden Anstalten zu entsenden, wurde als Ausgleich für die Beschneidung des Regierungseinflusses überall festgeschrieben.

Die weitere Entwicklung war damit vorgezeichnet. Rundfunkpolitik war fortan eine Domäne parteipolitischer Machtpolitik.

Auch wenn parlamentarische Parteivertreter in den Rundfunkorganen – und ab 1963 im *Zweiten Deutschen Fernsehen* – rein zahlenmäßig stets in der Minderheit blieben, gaben und geben sie doch bis heute den Ton an.

Bei allen öffentlich-rechtlichen Sendern haben sich sogenannte Freundeskreise von CDU und SPD gebildet, die auf die personal- und programmpolitischen Strukturen massiv Einfluß nehmen. Sie sind straff organisiert und halten regelmäßig vor den Ratstreffen Sitzungen zur Sicherung eines einheitlichen Abstimmungsverhaltens ab. Die gewählten Vorsitzenden verstehen sich als machtvolle Cheflobbyisten ihrer Parteien im Sender, die wichtige Personal- und Programmentscheidungen unter sich aushandeln und mit dem Intendanten vorab festlegen.

Politisch „neutrale" Gruppierungen wie Kirchen, caritative Einrichtungen, Wirtschaftsverbände, Gewerkschaften und berufsständische Organisationen, die eigentlich das nicht parteigebundene gesellschaftliche Spektrum repräsentieren sollen, ordnen sich in der Regel der ihnen am nächsten stehenden Politikrichtung unter, um ihren partikularen Interessen größtmögliche Durchschlagskraft zu verleihen. Beim *ZDF* etwa gibt es kaum einen Fernsehrat, der nicht im CDU- oder SPD-Freundeskreis organisiert ist.

So werden Personalentscheidungen zwischen den Parteien und ihren verlängerten Gremienarmen nach Proporzgesichtspunkten ausgehandelt – von der Besetzung des Intendantenposten über die Hörfunk-, Fernseh-

und Programmdirektoren, die Hauptabteilungs- und Abteilungsleiter bis in die politischen Redaktionen hinein. Oft werden ganze „Pakete" geschnürt, um das Führungstableau des Senders entsprechend den politischen Stärkeverhältnissen auszutarieren. Daß die ebenfalls politisch besetzten Verwaltungsräte dann noch den Dienstverträgen leitender Rundfunk-Angestellter zustimmen müssen, erhöht den Druck. Zur Ehrenrettung vieler Rundfunk-Mitarbeiter muß allerdings gesagt werden, daß sie, selbst wenn sie ihre Einstellung parteipolitischer Protektion verdanken, den damit verknüpften Erwartungen keineswegs immer nachzugeben bereit sind. So hat es selten einen Intendanten gegeben, der seiner Partei, in diesem Fall der CDU, häufiger die Stirn bot, als den verstorbenen langjährigen Intendanten des *Süddeutschen Rundfunks,* Hans Bausch.

Gegenbeispiele gibt es leider aber auch zur Genüge. Gerade die SPD konnte sich in vielen Sendern das unbestreitbare Faktum zunutze machen, daß Journalisten mehrheitlich eher linksliberal als konservativ eingestellt sind. Besonders in den sechziger und siebziger Jahren existierten in etlichen Funkhäusern regelrechte sozialdemokratische Seilschaften, die sich aus Redakteuren, festen und freien Mitarbeitern rekrutierten. Sie schufen einseitige Personalstrukturen, die teilweise bis heute fortwirken.

Nicht weniger „effizient" als die personelle Besetzung erfolgt die politische Programmkontrolle. Sie führte wiederholt zu Änderungen oder zum vorzeitigen Finale von Beiträgen, deren Tendenz den großen Parteien und ihren Repräsentanten in den Sendern mißfiel.

Dieter Hildebrandts „*Notizen aus der Provinz"* wurden zum Beispiel 1979 nach Protesten von CDU und

CSU vorzeitig vom *ZDF* abgesetzt. Der Stuttgarter Kabarettist Mathias Richling flog 1989 aus dem *ARD*-Abendprogramm, weil die CSU in einem seiner satirischen Beiträge *„Jetzt schlägt's Richling"* einen „kirchenfeindlichen Exzeß" erblickt hatte.

Hildebrandts Nachfolgesendung *„Scheibenwischer"* mußte der *Sender Freies Berlin* Ende 1982 vorverlegen, um den beginnenden Bundestagswahlkampf 1983 nicht zu „stören". Der Intendant des *Norddeutschen Rundfunks,* Friedrich Wilhelm Räuker, untersagte am Vorabend einer Wahl zur Hamburger Bürgerschaft die Ausstrahlung eines Programms der Münchner „Lach- und Schießgesellschaft".

Der *Bayerische Rundfunk* koppelte sich 1973, 1977 und 1981 aus politischen Gründen vom *ARD*-Gemeinschaftsprogramm ab. Der frühere Intendant des *Südwestfunks,* Werner Hilf, verbot dem *„Report"*-Chef Franz Alt auf dem Höhepunkt der Nachrüstungsdebatte (1983), sein Magazin zu moderieren: Alt hatte sich seiner Meinung nach zu stark in der Friedensbewegung engagiert. Der Intendant des *Saarländischen Rundfunks,* Franz Mai, zensierte 1975 ohne Wissen des Autors Heribert Schwan Sendungen zur Saarabstimmung.

Weitere Beispiele politisch motivierter „Vorzensur" finden sich in Publikationen wie Hermann Meyns Buch *„Massenmedien in der Bundesrepublik Deutschland"* oder Hans J. Kleinsteubers Analyse *„Rundfunkpolitik – Der Kampf um die Macht über Hörfunk und Fernsehen"* dokumentiert.

Die von den Alliierten ursprünglich angestrebte Politikferne des deutschen Rundfunkwesens ist mithin längst Makulatur.

Die großen Parteien haben den öffentlich-rechtlichen Rundfunk in den Würgegriff eines Ausgewogenheits-Postulats genommen, das nach ihrem Verständnis nichts anderes bezweckt als Meinungen, die der Gegenseite zum Vorteil gereichen könnten, schnellstmöglich durch die eigene Sicht der Dinge aufzuwiegen. Über personalpolitische Hebel versuchen sie, einen parteinehmenden Journalismus zu erzwingen. Wo das nicht gelingt, bringen sie ihre Gremiengetreuen als Zensoren in Stellung.

Zuweilen werden noch stärkere Geschütze aufgefahren. Die CSU wollte 1972 ihre Machtposition im *Bayerischen Rundfunk* noch weiter ausbauen, indem sie einen Gesetzentwurf vorlegte, der die Aufstockung parlamentarischer Rundfunkräte von neun auf einundzwanzig Abgeordnete vorsah. Erst ein drohender Volksentscheid brachte Bayerns Staatspartei von dem Vorhaben ab.

Nach der überraschenden Wahl Ernst Albrechts (CDU) zum niedersächsischen Ministerpräsidenten im Februar 1976 kündigte das ebenfalls CDU-regierte Land Schleswig-Holstein 1977 den Rundfunk-Staatsvertrag auf, an dem als nunmehriger Minoritätenpartner das SPD-regierte Hamburg beteiligt war, um die nach Meinung der Union eklatante Linkslastigkeit des *Norddeutschen Rundfunks* zu beenden.

Der neue, 1980 abgeschlossene Staatsvertrag hob dann das Sendemonopol des *NDR* auf, etablierte in den drei Landeshauptstädten eigene Funkhäuser und formulierte schärfere Programmgrundsätze. Die Zahl der Politiker im Rundfunkrat allerdings schrumpfte – Folge eines parteipolitischen Patt, bei dem CDU wie SPD vergeblich versucht hatten, die Gremienmehrheit mit jeweils ihnen nahestehenden Gruppierungen zu besetzen.

Als die SPD ein Jahrzehnt später jedoch wieder über parlamentarischen Mehrheiten in Deutschlands Norden verfügte, tauschte sie unverzüglich den als Medienfachmann hochgeachtete CDU-Intendanten Peter Schiwy gegen seinen SPD-Stellvertreter Jobst Plog aus.

Bevorzugte Angriffsziele parteipolitischer Attacken sind Sender, denen eine besondere, eigenen Interessen zuwiderlaufende Machtposition unterstellt wird; außerdem der Zusammenschluß aller öffentlich-rechtlichen Rundfunkanstalten, die *Arbeitsgemeinschaft der öffentlich-rechtlichen Rundfunkanstalten der Bundesrepublik Deutschland (ARD)*, selbst.

Die Union, die ihre Wahlniederlage von 1976 einer einseitig linksorientierten Berichterstattung des Fernsehens zuschreibt, hat seither immer wieder versucht, die größte *ARD*-Anstalt im bevölkerungsreichsten Bundesland Nordrhein-Westfalen, den *Westdeutschen Rundfunk,* zu schwächen. Die SPD hält aus parteipolitischen Gründen genauso erbittert dagegen.

Vor der Bundestagswahl 1980 hieß es beispielsweise in einem internen Planungspapier der Bundes-CDU, für einen Wahlerfolg der Union sei entscheidend, daß der *WDR* mit seiner „linkslastigen Führung ... sich unter ständiger Kontrolle fühlen und dadurch zu besonderer Vorsicht gegenüber der CDU angehalten" werden müsse.

Der Kanzler selbst ritt Anfang 1995 eine öffentliche Attacke gegen *WDR* und *ARD,* die wenig später durch einen mit der Unionsspitze abgestimmten gemeinsamen Vorstoß der Ministerpräsidenten Stoiber (Bayern) und Biedenkopf (Sachsen) gegen die *ARD* untermauert wurde.

Auch die Anfang Juli 1995 erfolgte Neubesetzung des Verwaltungsrates des *Süddeutschen Rundfunks,* bei der die CDU per Blockwahl alle von ihr benannten Kandidaten durchboxte und gleichzeitig drei bisherige SPD-Verwaltungsräte abwählte, geschah nach Aussage eines CDU-Abgeordneten vor dem Hintergrund, „die SPD-verseuchte *ARD* mal umzukrempeln" (zitiert nach der Ulmer *Südwestpresse* vom 11. Juli 1995).

Eine Schlüsselrolle beim medienpolitischen Machtpoker üben, neben den Parlamenten, die Ministerpräsidenten der Länder aus. In ihren Staatskanzleien arbeiten Spezialisten, deren rundfunkpolitischer Sachverstand meist in eigenen Medienreferaten gebündelt ist.

In diesen politisch-technologischen Küchenkabinetten werden Rundfunk-Staatsverträge ausgehandelt, Beschlüsse der Ministerpräsidentenkonferenzen vorbereitet, medienpolitische Leitlinien der Parteien mitformuliert, neue Entwicklungen in Form von Pilotprojekten begleitet und die Fäden zu Funkhäusern, Landesmedienanstalten und der *Telecom* gesponnen.

Auch die Regierungsvertreter in den Rundfunk-Aufsichtsgremien des jeweiligen Landes erhalten von hier ihre Informationen und Regieanweisungen. Beim *ZDF* kommt hinzu, daß die Repräsentanten gesellschaftlicher Gruppierungen im Fernsehrat gemäß dem *ZDF*-Staatsvertrag vom 6. Juni 1961 von den Ministerpräsidenten aus Vorschlagslisten ausgewählt werden. Damit gibt es in diesem Gremium praktisch kein Mitglied, das nicht direkt oder indirekt einem parteipolitischen „Prüfungsverfahren" unterzogen worden wäre.

Ebenfalls bei den Staatskanzleien angesiedelt waren bis vor kurzem Mitglieder der seit 1975 bestehenden

Kommission zur Ermittlung des Finanzbedarfs der Rundfunkanstalten (KEF). Die *KEF* prüft periodisch die Finanzsituation der Rundfunkanstalten und erarbeitet Empfehlungen zum Umfang und Zeitpunkt von Gebührenerhöhungen – eine für die Programmgestaltung der öffentlich-rechtlichen Anstalten existentielle Planungsgröße.

Sollen die Gebühren angehoben werden, bedarf es dazu eines Staatsvertrags der Bundesländer, den die Ministerpräsidenten abschließen. Eine Mehrheit der Landesparlamente muß die Erhöhung anschließend genehmigen.

Als „Knüppel in der Hand der Parteien" (*Die Zeit* vom 27.3.1987) ist die Gebührenpolitik folglich häufig bezeichnet worden, und das zu Recht. Plastisch-drastisch zeigte sich die Gebrauchsfähigkeit des Knüppels beispielsweise in einem Brief, den der Vorsitzende des Verwaltungsrates von *Radio Bremen,* der Bremerhavener Oberbürgermeister Lenz (SPD), 1982 an die Intendanz des Senders schrieb:

„Da der Magistrat der Stadt Bremerhaven der hiesigen Bevölkerung nicht länger zumuten kann, für Falschinformationen und vorsätzliche Diskreditierung ihrer Stadt zukünftig auch noch höhere Gebühren zu bezahlen, wird der Magistrat ... im Rahmen seiner Möglichkeiten darauf hinwirken, Gebührenerhöhungen für *Radio Bremen* nicht mehr zuzulassen und ... die Wirtschaftspläne des Senders abzulehnen", drohte der erzürnte SPD-Mann.

Und in der Tat: Mit der Weigerung, einer geplanten Gebührenerhöhung zuzustimmen, kann jeder Regionalfürst die Finanzplanung einer Rundfunkanstalt über den

Haufen werfen und damit immensen Anpassungsdruck ausüben. Die Implementierung von Staatskanzlisten in der *KEF* sicherte der Politik zudem eine exzellente fachliche Argumentationsbasis, wenn sie den „Öffentlich-Rechtlichen" die Daumenschrauben ansetzen wollten.

Erst durch eine Entscheidung des Bundesverfassungsgerichts vom Februar 1994 wurde den Regierungschefs dieses Instrument aus der Hand geschlagen: Das höchste deutsche Gericht entschied, die Mitwirkung der Staatskanzleien sei mit dem Gebot eines objektiven, transparenten und „staatsfrei" organisierten Gebührenfestsetzungsverfahrens nicht zu vereinbaren.

An der Tatsache, daß der öffentlich-rechtliche Teil der dualen Rundfunkordnung am Gebührentropf der Politik hängt, hat sich durch das Urteil freilich nichts verändert.

Auch die Entstehung des privatwirtschaftlich betriebenen Rundfunks ist ein Exempel für den bestimmenden Einfluß der Politik auf Medienstrukturen – allerdings in ganz anderem Sinne als zuvor geschildert. Während *ZDF* und *ARD* sich über zuwenig ordnungspolitische Zuwendung gewiß nicht beklagen können, haben die privaten Rundfunk- und Fernsehveranstalter insoweit lange Zeit als freischwebende Artisten unter der Zirkuskuppel agiert. Manche stürzten ab, manche blieben ratlos – und einige wenige besitzen inzwischen das Zelt.

Das war, jedenfalls seitens der Union, auch so gewollt. Während die Politik Anfang der achtziger Jahre noch viel über eine angebliche „Rückholbarkeit" der ersten Kabelpilotprojekte in Mannheim-Ludwigshafen, München, Berlin und Dortmund räsonnierte, arbeiteten die Staatskanzleien in den CDU-regierten Bundesländern Baden-Württemberg, Hessen und Niedersachsen schon fieberhaft an landeseigenen Regelungen, die den enormen Privatfunk-Appetit ihrer Zeitungsverleger-Klientel stillen sollten.

Alle drei Länder legten 1982 Entwürfe zu Landesmediengesetzen vor, in denen die Zulassung privater elektronischer Medien vorgesehen waren – zwei bis drei Jahre vor Sendebeginn der angeblichen Pilotprojekte. Im Februar 1984 gaben die Ministerpräsidenten einem Konsortium von 167 Zeitungsverlegern grünes Licht, den „West-Strahl" des Fernsehsatelliten *ECS 1* zu belegen – die Geburtsstunde des privaten Satellitenfernsehens *SAT 1* hatte geschlagen. Über die medienpolitischen Rahmenbedingungen für das entstehende Nebeneinander von öffentlich-rechtlichem und privatem Rundfunk aber konnten sich die Regierungschefs weiterhin nicht einigen.

Im März 1987 wurden die ersten vier privaten Fernsehprogramme *RTL plus, SAT 1, Sky Channel* und *musicbox* ins Kabelnetz eingespeist – da standen die Länderfürsten kurz vor dem Abschluß ihrer fünfjährigen Verhandlungen.

Und das Ergebnis? Der am 3. April 1987 unterzeichnete „Staatsvertrag zur Neuordnung des Rundfunkwesens", so stellt die von der *Bundeszentrale für politische Bildung* 1992 herausgegebene Studie „*Privat-kommerzieller Rundfunk in Deutschland*" lapidar fest, „fordert weder ein inhaltlich qualifiziertes oder nach bestimmten Kriterien ausgewogenes Programm von den privaten Programmveranstaltern, noch regelt oder unterbindet er wirksam die Verflechtungen und die ständig zunehmenden Konzentrationsprozesse zwischen den privaten Programmanbietern".

Selbst das Bundesverfassungsgericht war schneller als die Politik: Im November 1986 erkannte es in seinem „Vierten Fernsehurteil" die Existenz eines neuen, dualen Rundfunksystems in Deutschland schlicht an.

Soviel Laissez-faire bei Politikern, die über Möglichkeiten und Machtmittel der Medienpolitik wohl Bescheid wissen, läßt nur einen Schluß zu: Union und FDP *wollten* den kommerziellen Wildwuchs im Privatfunk, um es sich mit keinem Unternehmen zu verderben und dem alten Feindbild einer linkslastigen *ARD* einige weitere kräftige Schrammen zu versetzen. Und die SPD hatte nicht genügend Kraft, zuletzt wohl auch nicht mehr den Willen, sich dem zu widersetzen.

Das Ergebnis ist eine Mischung aus Konzern-Highnoon und Programm-Wildwest. Hunderte großer und kleiner Zeitungen, *Bertelsmann, Springer, Burda, Gruner + Jahr, Holtzbrinck,* Leo und Thomas Kirch, Silvio Berlusconi und Rupert Murdoch, belgische, französische und deutsche Banken, ein südafrikanischer Tabakmilliardär, ein saudischer Prinz und eine japanische Werbefirma sowie ungezählte weitere Unternehmen tummeln sich auf dem deutschen elektronischen Medienmarkt und kennen nur ein Ziel: Einschaltquoten und Reichweiten so zu pushen, daß die Werbeeinnahmen sprudeln.

Ein glänzendes Beispiel gelungener kollektiv-politischer *Donnage,* bei der die ungeliebten öffentlich-rechtlichen Anstalten zugleich eine kräftige *Frottage,* sprich Abreibung, bekamen.

Und doch hat die Sache, wie sich zunehmend herausstellt, einen gewaltigen Schönheitsfehler. Angesichts dramatisch sinkender Zuschauerzahlen und Werbeeinnahmen bleibt *ZDF* und *ARD* kaum etwas anderes übrig, als ihre Programme dem *Fast-food*-Unterhaltungscharakter der privaten Konkurrenz anzugleichen. Seifenopern und Schwachsinns-Spiele, seichte Serien, Filme und *Infotainment* nehmen zügig von den besten Programmplätzen Besitz. Die inhaltliche Verkümmerungsspirale dreht sich immer schneller.

Auf der Strecke bleiben die am wenigsten massenattraktiven Sparten: ernsthafte Kultur- und differenzierte Politiksendungen. Das Politikangebot wird auf kurze Nachrichtenblöcke, aktuelle Sondersendungen und einige wenige Magazinbeiträge reduziert. Die Politikausgaben der regionalen Dritten Programme sind aus dem Vorabendprogramm der *ARD* hinauskatapultiert worden, der „*Länderspiegel*" im *ZDF* fristet ein Mauerblümchendasein. Bonn und Berlin teilen sich die übriggebliebene Politiknische, die Fläche findet bundesweit fernsehpolitisch nicht mehr statt.

So hatten sich die Länderchefs das sicher nicht vorgestellt, aber so ist es – vorhersehbar – gekommen. Deregulierung und Kommerzialisierung leisten einer Entpolitisierung auf breiter Front Vorschub, unter der die herkömmlichen Parteien am meisten leiden. Denn sie vor allem sind darauf angewiesen, programmatisch und sachpolitisch im Massenmedium Fernsehen präsent zu sein. Genau das aber geschieht kaum noch, weil es im Quotenkampf nichts bringt.

Das beeindruckende machtpolitische Instrumentarium der Parteien in den öffentlich-rechtlichen Anstalten ist zwar noch vorhanden, aber es beginnt stumpf zu werden. Zusammen mit dem Sendemonopol wurde das Monopol wirkungsvoller Politikbeeinflussung zerschlagen.

Daß es in den letzten Jahren keine nennenswerten Kontroversen mehr um einzelne Sendungen gegeben hat, hängt damit zusammen. Pointierte Beiträge, über die zu streiten lohnt, sind Mangelware geworden und genießen eine Art Naturschutz für bedrohtes Programmleben.

Von wenigen Spitzenpolitikern abgesehen, könnte für den Großteil der politischen Elite in Deutschland also die vierte Stufe politisch-medialer Beziehungen triste Wirklichkeit werden: *Finissage,* Beendigung mangels Marketingtauglichkeit. Und das auf dem elektronischen Wachstumsmarkt Nummer eins, der den Alltag der Bürger bestimmt wie keine andere Innovation seit der Erfindung des Autos.

Die Alliierten hätten dann, Ironie der Geschichte, ihr Ziel einer möglichst großen Staatsferne des deutschen Rundfunks mit einem halben Jahrhundert Verspätung doch noch erreicht.

V.

Aus der Sicht
des zahlenden Publikums

Täter und Opfer

Wer ist Täter, wer ist Opfer in dem komplizierten Beziehungsspiel? Wer darf sich als Gewinner fühlen, wer steht auf der Verliererseite? Nach dem bisher Gesagten erscheint es schwer, ein eindeutiges Urteil zu fällen.

Zwar verleiht die Türhüterfunktion an der Schwelle zur Wort- und Bildverbreitung Journalisten eine große Selektionsmacht. Besonders Neuankömmlinge auf dem Presseparkett und Politiker aus den hinteren Reihen bekommen sie zu spüren. Auch das *agenda-setting,* die Möglichkeit, Themen zu besetzen oder in ihrer Rangfolge zu verändern, beeinflußt die politische Praxis erheblich.

Auf der anderen Seite wächst das Arsenal medienpolitischer Steuerungsinstrumente mit den Ämtern und Apparaten, die jemand besitzt. Ist die Bühne erst einmal erklommen und die Statistenphase überwunden, kann die öffentliche Beachtung bis zu einem gewissen Grad planvoll herbeigeführt werden. Professionelle Pressearbeit und Parteienmacht lassen Journalisten dann manchmal eher als Manipulierte denn als Medienmachiavellis erscheinen.

Versucht man, Wirkungen und Rückwirkungen etwas genauer zu analysieren, so fallen die nachstehend beschriebenen Entwicklungen besonders ins Auge.

Zwischen der Aufmerksamkeit für die Top-Prominenz und der Beachtung, die der politischen „middle-class" geschenkt wird, klafft eine immer größere Lücke. Dies ist eine Folge der Personalisierungsstrategien der Medien.

Politik wird an immer weniger Personen festgemacht, die dafür einen immer größeren Anteil an dem – insgesamt schrumpfenden – Seiten- und Bildkontingent erhalten, das Zeitungen und Fernsehen für politische Themen zur Verfügung stellen. Dem Fernsehen kommt dabei eine entscheidende Rolle zu: Wer mit gewisser Regelmäßigkeit in den TV-Hauptnachrichten erscheint, wer um Interviews gebeten und zu Talkshows eingeladen wird, gilt als „Politikstar" (im Talkshow-Jargon: als „dicke Nase"). Dies färbt dann auch auf die Printmedien ab: Die Schlagzeilen über den Betreffenden werden größer, seine Aussagen rücken auf prominentere Plätze vor.

Wie hart der Wettbewerb selbst in der Spitzengruppe ist, zeigt die Konkurrenz zwischen Rudolf Scharping (SPD) und Joschka Fischer (Grüne). Obwohl zwei Oppositionsparteien von politischem Gewicht im Bundestag vertreten sind, akzeptieren die elektronischen Medien letztlich nur *einen* Exponenten als „Chef-Oppositionsführer". Dabei hat sich der wesentlich medienbegabtere Fraktionschef der Grünen gegenüber dem Sachpolitikertyp Scharping klar durchgesetzt und das parteipolitische Kräfteverhältnis medienpolitisch auf den Kopf gestellt. Nach einigen politischen Schnitzern Scharpings übernahmen die Zeitungen und politischen Magazine die vom TV-Journalismus vorgezeichnete Linie und begannen, Scharping in Grund und Boden zu schreiben. Gleichzeitig wurde der niedersächsische Ministerpräsident Gerhard Schröder (SPD) als mediengefälligere Alternative zu Scharping aufgebaut.

Auch die Bedeutung, die dem Kompetenzbereich eines Politikers beigemessen wird, hängt oft mit seiner TV-Skalierung zusammen. Seit beispielsweise das Bonner Gesundheitsressort in Minister Seehofer einen von den Medien als interessant eingestuften Chef hat, erfreut sich die Gesundheitspolitik weit größerer journalistischer Beachtung als früher. Demgegenüber hat die Arbeitsmarktpolitik des lange Zeit als Medienliebling geltenden Bundesarbeitsministers Blüm an publizistischer Zugkraft verloren.

Wer nicht zum exklusiven Kreis der Bonner Medienprominenz zählt, hat es schwer, sich bundesweit Gehör zu verschaffen. Selbst die meisten Ministerpräsidenten finden außerhalb ihrer Landesprogramme kaum noch Zugang zum Fernsehen. Zwar verfügen sie über eine starke Stellung auf dem regionalen Zeitungsmarkt. Aber die Segmentierung der Politik entsprechend dem Medienprofil ihrer Akteure läßt sich damit nicht aufhalten.

Der medienpolitische Einfluß der „Spitzengruppe" nimmt zu, im übrigen ist er eher rückläufig.

Nur wenige Spitzenpolitiker sind in der Lage, ihre Macht direkt in die Personal- und Programmentscheidungen eines Senders oder einer Zeitung einfließen zu lassen. Die meisten müssen sich dazu der Gremien bedienen oder versuchen, durch pressepolitische Maßnahmen ans Ziel zu kommen.

Zu den härtesten und erfolgreichsten Intervenienten zählt zweifellos Bundeskanzler Kohl, der personalpolitische Vorgänge bei Schlüsselmedien gern zur Chefsache macht. „Er mischt sich in Personalentscheidungen großer Medienkonzerne ein und bestimmt im übrigen selbstherrlich, wann und zu welchem Thema er das Wort an sein Volk richtet" (Gunther Hartwig in der *Südwestpresse* vom 22.7.1995). In Bonn werden Kohl eine ganze Reihe personeller medienpolitischer Weichenstellungen nachgesagt.

So soll die Ablösung des Bonner *ZDF*-Studioleiters Wolfgang Herles, der wiederholt durch kritische Berichte und Buchveröffentlichungen aufgefallen war, von Kohl mit initiiert worden sein, ebenso die Bestimmung seines Nachfolgers Klaus-Peter Sigloch (mittlerweile *ZDF*-Studio Washington). Kanzler-Kritik habe es auch bei der Neubesetzung der *ARD*-Studioleitung gegeben, als Ernst Dieter Lueg für den zum *WDR*-Intendanten berufenen Friedrich Nowottny nachrückte.

Der Berufung des früheren Chefredakteurs der *Stuttgarter Zeitung,* Thomas Löffelholz, zum neuen Herausgeber der *Welt* sei, kolportieren Bonner Journalisten, ein Gespräch Kohls mit dem *Springer*-Vorstandsvorsitzenden Jürgen Richter vorausgegangen, in dem Kohl Vorbehalte gegen Löffelholz angemeldet habe – allerdings vergeblich. Als Kohls medienpolitischer „Männerfreund" Leo Kirch in seiner Eigenschaft als *Springer*-Großaktionär im August 1995 ultimativ die Abberufung des liberalen Löffelholz verlangte, weil der einen positiven *Welt*-Kommentar zum umstrittenen ‚Kruzifix'-Urteil des Bundesverfassungsgerichts zugelassen hatte, vermuteten deshalb nicht wenige Journalisten hinter der

Kirch-Attacke auch Helmut Kohls Handschrift. Daß der Kanzler der *ARD* lange Zeit kein Sommer-Interview in seinem Feriendomizil am Wolfgangsee gewährte, wie es andere Sender von ihm erhielten, hatte nach diesen Informationen ebenfalls mit Personen zu tun. Kohl habe die von der *ARD* dafür vorgesehenen, SPD-nahen Journalisten Fritz Pleitgen und Ernst Dieter Lueg als Interviewpartner nicht akzeptiert, heißt es. Erst als die *ARD* sich beugte und die zum Unionslager zählenden Journalisten Sigmund Gottlieb (*Bayerischer Rundfunk*) und Wolfgang Kenntemich (*Mitteldeutscher Rundfunk*) anbot, habe der Kanzler sein Plazet gegeben.

Chefsache sind selbstverständlich auch die Intendantenposten. So hätten der Bundeskanzler und der baden-württembergische Ministerpräsident Erwin Teufel bei der Wahl des früheren *ZDF*-Redakteurs Peter Voss zum Intendanten des *Südwestfunks* „kräftig positiv mitgemischt", sagt ein Bonner Korrespondent.

Politiker aus dem zweiten und dritten Glied haben dagegen nicht das Gewicht, um sich derart direkte Einmischungen erlauben zu können. Bei ihnen überwiegt häufig das Gefühl, den Medien ausgeliefert zu sein bzw. sich deren Wohlwollen durch Anpassung an die Spielregeln der „Mediokratie" erkaufen zu müssen. Und die Zunahme des Medienangebots bei gleichzeitiger Abnahme politischer *quality press*-Produkte treibt den Aufwand, um publizistisch noch wahrgenommen zu werden, stetig in die Höhe.

In immer größerem Umfang treten Inszenierungen und Rituale an die Stelle von Sachpolitik. Politisches Marketing bestimmt viele Entscheidungsabläufe.

Die meisten Politiker haben inzwischen das „Medienfenster" fest im Kopf. Sie kalkulieren die öffentliche Wirkung ihrer Aktionen von Anfang an mit ein. Nicht selten erschöpft sich der Sinn ihres Auftritts auch schon darin.

Im Sommer 1995 weihten in Stuttgart der Bundesverkehrsminister, der Landesverkehrsminister und der örtliche Regierungspräsident ein „intelligentes" Verkehrsleitsystem für eine stark befahrene Bundesstraße ein. Sie taten das vor den Augen und Ohren der Regionalpresse und im (der Öffentlichkeit zunächst verschwiegenen) Wissen, daß die Anlage noch gar nicht funktionierte. Erst Wochen später ging sie in Betrieb. Das hielt die Politiker jedoch keineswegs davon ab, Lobesreden zu schwingen und sich feiern und fotografieren zu lassen.

Kurze Zeit danach ging ein Bild durch südwestdeutsche Zeitungen, das den baden-württembergischen Ministerpräsidenten Teufel beim Frühstücken mit Wohnsitzlosen zeigte. Wohlgelaunt lachte der Regierungschef, der nicht einmal zu diesem Anlaß auf seine Krawatte hatte verzichten wollen, in die Kamera des hinzubestellten Fotografen. Die beiden bärtigen, ärmlich gekleideten „Berber" dagegen, denen er die Ehre gab, blickten betreten zu Boden.

Das eben ist der Pferdefuß bei *PR*-Gruppenbildern dieser Art: Manchmal gerät die Mimik zur zentralen Aussage.

Amerikanische Kongreßabgeordnete lassen sich schminken, wenn sie wissen, daß ihre Rede vom Fernsehen aufgezeichnet wird. Für die gefürchteten Zehn-Sekunden-Statements (sogenannte *sound bites*), die der ungeduldige amerikanische TV-Journalismus Politikern als Beantwortungszeitraum höchstens zugesteht, machen sie sich mithilfe von Rhetorikspezialisten fit.

Ganz so weit haben es deutsche Politiker im Durchschnitt noch nicht gebracht. Aber auch sie wissen, was sie dem Medium schuldig sind. Wenn das Fernsehen zugegen ist, strömen Bonner Hinterbänkler frühzeitig vor Sitzungsbeginn in den Plenarsaal, um einen der vorderen Plätze (nur die erste Reihe ist reserviert) zu requirieren. Sie sind dann wenigstens ab und zu im Bild.

Bei lang andauernden Debatten bestimmt sich die Reihenfolge der Redner nach der festen Regel, daß „Großkopfete" zu den journalistisch besten Zeiten sprechen dürfen, während einfache Abgeordnete mit späteren Tagesstunden vorliebnehmen müssen, wenn sich die Pressetribüne bereits geleert hat.

Die Chance, vor einer Kameralinse sprechen zu können, läßt sich kaum ein Politiker entgehen. Selbst wenn seine Mitteilung darin besteht, daß er nichts mitzuteilen habe, weil Vertraulichkeit vereinbart wurde, wird doch das Seitenfenster des Dienstwagens heruntergelassen und der politische Kopf zum telematischen Wendehals verdreht.

Auch die politische Tagesarbeit erfolgt mehr und mehr unter pressemäßigen Aspekten. Alle Ministerien werden von Bundestags- und Landtagsanfragen überschwemmt, die nur dem einen Zweck dienen, den Abgeordneten Material für Pressemitteilungen zu liefern. Ginge es allein um die Sache, könnten unsere Volksvertreter durch einen Blick ins Parlamentsarchiv unschwer feststellen, daß ein Großteil ihrer Wißbegier bereits bei früheren ministeriellen Stellungnahmen zu denselben Anfragen gestillt wurde.

Sogar Gesetzeswerke tragen die Handschrift presse-politischer Zielplanung. Das sogenannte Ozongesetz sollte der Öffentlichkeit das Gefühl vermitteln, daß die Politik auf ein die Bevölkerung beunruhigendes Umweltthema Antworten parat habe. In der Sache blieb es die Antwort schuldig, weil die Ozongrenzwerte unrealistisch hoch angesetzt sind und praktisch jeder Bürger eine Ausnahmeregelung für sich beanspruchen kann.

Die Einführung der Pflegeversicherung dauerte vor allem deshalb so lange, weil die Suche nach Finanzierungsmodellen „fast ein Jahr aus dem freitäglichen Start von Versuchsballonen nebst deren montäglichem Abschuß" *(Spiegel-Special* Nr.8/1995) bestand.

Als Folge der Mediatisierung politischer Abläufe werden das Ansehen und der Handlungsspielraum der Politik geringer, während die Medien in die Rolle des „policy making" hineinwachsen.

Früher galt Politik als ergebnisorientiertes Sachprodukt. Heute ist sie ein prozeßbestimmtes Kommunikationsprodukt. Die öffentliche Befassung mit einem Problem und die Frage, welchen Gewinn Parteien und Regierungen aus dem geschickten Lancieren von Themen ziehen können, haben einen höheren Stellenwert als das Erzielen von Ergebnissen.

Deshalb geht die Zahl substantieller politischer Entscheidungen zurück, der Anteil bloßer symbolischer Handlungen, folgenloser Meinungsäußerungen und inszenierter Pseudo-Ereignisse nimmt zu.

Aus der Besetzung eines Themas mit Mitteln der Presse- und Öffentlichkeitsarbeit über einen längeren Zeitraum hinweg läßt sich politisch mehr Honig saugen als aus dem einmaligen Verkünden einer Entscheidung, der Monate oder Jahre intensiver Sacharbeit vorangegangen sind.

Ein typisches Beispiel dafür ist die Vermögensbildung durch Beteiligung von Arbeitnehmern am Produktivkapital. Obwohl es dazu zahllose Absichtserklärungen, Gutachten und Veröffentlichungen aller Parteien gibt, die das Anliegen unterstützen, ist nie etwas Nennenswertes geschehen. Sich mit der Idee theoretisch zu identifizieren und dies von Zeit zu Zeit publik zu machen, ist offenbar Effekt genug. In der Sache selbst müßte dagegen viel Kärrnerarbeit geleistet und mit der Wirtschaftslobby mancher Strauß ausgefochten werden – Aufwand und Risiko wären höher als der Ertrag. Also bleibt es bei gelegentlichen Fensterreden.

Auch andere beliebte Profilierungsthemen ohne Verfallsdatum, wie die um Tempolimits, Ökosteuern oder Gewaltdarstellungen in Film und Fernsehen geführten Diskussionen, gleichen Schaufensterauslagen, denen das zugehörige politische Warenangebot fehlt.

Wo Medienwirkung zum eigentlichen Entscheidungskriterium wird, hat eine rationale Handlungsabfolge vom Erkennen eines Problems bis zu dessen Lösung durch zielgerichtete Maßnahmen kaum mehr eine Chance.

Die Furcht vor Bürgerprotesten und den daraus resultierenden negativen Medienberichten macht unpopuläre Entscheidungen oft schon im Ansatz zunichte. Verkehrspolitisch notwendige Straßen werden nicht gebaut, umweltpolitisch angezeigte Müllverbrennungsanlagen scheitern an der Standortfrage. Die baden-württembergische Landesregierung beerdigte unlängst ihre jahrelang verfolgte Absicht, zwei Anlagen zur Sondermüllentsorgung zu bauen, mit dem Beschluß, keine zu bauen und den Müll weiterhin in andere Länder zu exportieren. Als Folge dieser Medienzentrierung verlieren Politiker an Würde und an Glaubwürdigkeit. Die Politik gleicht sich immer stärker ihrem medialen Erscheinungsbild an, produziert für den Pressespiegel und reproduziert sich aus ihm. Gängige Themen werden wieder und wieder „verkauft", parteipolitische Streitigkeiten ausgewalzt, Ankündigungen zur Serienreife gebracht.

Der selbstauferlegte Zwang zur täglichen Nachrichtenlieferung läßt geduldiges Arbeiten im Hintergrund kaum mehr zu, weil Medienabsenz für die meisten Politiker Absturzgefährdung heißt. Deshalb debattieren Landtage, was sie schon x-mal debattiert, wärmen Kabinette auf, was sie bereits des öfteren fortgeschrieben haben. Politikmachen wird zum pseudopolitischen *Remake*. Wo aber tatsächlich einmal Neues entsteht, wird es sofort vom Scheinwerferlicht begleitet und damit akuter Zerredungs- und Verwässerungsgefahr ausgesetzt.

Die Medien registrieren das Anpassungsverhalten der Politik genau, aber sie sind weit davon entfernt, es zu respektieren. Es gab nicht *eine* Stimme unter den zahlreichen Interviews, die der Autor mit Journalisten geführt hat, die Verständnis oder gar Sympathie für diese Art von Politikauffassung geäußert hätte! Stattdessen hagelte es abwertende Urteile wie: „Politiker überschätzen den Einfluß der Medien", „Politiker zeigen zuviel Opportunismus gegenüber den Medien", „Politiker neigen zur medienpolitischen Hysterie", oder gar „Politiker prostituieren sich vor den Medien".

Der überaus kritische Tenor solcher Stellungnahmen paßt zu der Tatsache, daß die politische Kommentierung der letzten Jahre bissiger und verletzender geworden ist.

Offenbar schwindet der Respekt der Medien vor der Qualität politischen Handelns in dem Maße, in dem dort pressemäßige Stereotypen wie Plakation, Personalisierung und wechselnde Tagesaktualität die Oberhand gewinnen. Zuviel medienbezogene Willfährigkeit wird nicht als Entgegenkommen gewertet, sondern als Schwäche.

Von hier aus ist es nur noch ein kleiner Schritt zum journalistischen *policy making*, dem Rollenwechsel vom Vermittler zum politischen Akteur. Das Bewußtsein, Themen „hochziehen" oder Politiker fallenlassen zu können, ist eine ständige Versuchung, es auch zu tun. Kein Bundes- oder Landespolitiker überlebt einen wochenlangen Dauerbeschuß durch die *Bild*-Zeitung. Kein Präsidentschaftskandidat übersteht persönliche Attakken wie die des *Stern* gegen den sächsischen Justizminister Stefan Heitmann.

Dem Autor ist in lebhafter Erinnerung, daß der ehemalige baden-württembergische Ministerpräsident Lothar Späth auf dem Höhepunkt der „Traumschiff-Affäre" von einer Boulevardzeitung vor die Wahl gestellt wurde, entweder ein Exklusivinterview mit dieser Zeitung *vor* der bereits terminierten Pressekonferenz zu führen oder aber „die Folgen eines Neins zu tragen". Es war klar, daß nach der – zu Recht erfolgten – Ablehnung Späths nichts und niemand mehr die negative Haltung des Blattes verändern konnte.

Das regionale Fernsehen leitete den Bericht über diese Pressekonferenz übrigens damit ein, daß es einen beleuchteten Globus zeigte, auf dem Luxusyachten kreuz und quer über die Weltmeere schipperten. Der Beitrag, räumt ein Redaktionsmitglied heute ein, sei in seiner gewollten Suggestivwirkung *policy making* gewesen – und ein erfolgreiches dazu: Die *ARD* zeichnete ihn mit dem „Preis für die beste regionale Berichterstattung" aus.

Auch hier sind die Grenzen fließend. Politische Themen zu kreieren und in ihrer Entwicklung zu begleiten, ist eine zentrale und selbstverständliche Aufgabe der Medien. Bestimmte politische Ergebnisse durch das Ausspielen von Meinungsmacht erzwingen zu wollen, kann hingegen in undemokratischen Kampagnenjournalismus umschlagen. Läßt der ins Wasser geworfene Stein den Kahn des Fischers kentern, zeigt das, wie morsch das Boot ist oder wie unfähig der Ruderer. Trifft der Stein den Mann am Kopf, liegt der Verdacht politischen (Ruf-) Mordes nahe.

Policy making im letztgenannten Sinn nimmt zu – ein Symptom dafür, daß die Printmedien im Kampf um Auflagen und Marktanteile den politischen Sensationalismus immer gezielter als Marketingelement einsetzen. Die Politik beklagt die Grenzverletzungen jedesmal lautstark. Doch hat sie selbst die Barrieren weggeräumt, als sie ihren angestammten Platz vorrangiger Gemeinwohlverpflichtung verließ und sich in die Arena begab, um in den medienpolitischen Macht- und Interessenspielen mitzumischen. Dabei blieb ihr wichtigster Schutz, die Evidenz sachpolitischen Handelns, allzu oft auf der Strecke. Jeder Täter ist eben auch ein potentielles Opfer – auf der Bühne wie im Leben.

Viele Fragen ...

Des Kanzlers glücklichste Stunde schlug am 17. Juli 1990 um 10.31 Uhr. Das jedenfalls behauptet Hans Peter

Schütz, und er beruft sich dabei auf Helmut Kohl selbst, der es ihm anläßlich eines Ende Juli 1990 mit dem *Stern* geführten Interviews so gesagt haben soll.

Was den Pfälzer damals so glücklich machte? Nun, nichts anderes als die Tatsache, daß die Bundespressekonferenz dem Kanzler an diesem Tage als Anerkennung für seine erfolgreich abgeschlossene Kaukasus-Reise lautstark Beifall klopfte – ein nie dagewesener Vorgang journalistischer Anerkennung, den noch kein Kanzler vor ihm hatte verbuchen können.

Helmut Kohl wird, so ist zu hoffen, vorher und nachher noch glücklichere Stunden erlebt haben – aber wohl kaum eine, die ihm mehr öffentliche Genugtuung bereitete. Jahre verletzender, demütigender Pressekritik hatte er durchstehen müssen – jetzt lobte ihn die deutsche Journaille unisono in den höchsten Tönen. „Den Staatsmann Kohl wird man nicht mehr von der Landkarte tilgen können", schrieb Rudolf Augstein im *Spiegel*. „Der Kanzler hat im richtigen Moment groß gedacht und groß gehandelt", befand der *Stern*.

Darf man normale Politiker dafür schelten, daß sie sich in mentale Medienabhängigkeit begeben, wenn selbst ein politischer Fels wie Helmut Kohl so emotional auf pressepolitische Wetterwechsel reagiert?

Man darf und man muß. Wenn die Politik ihr Selbstverständnis vorwiegend aus der Medienresonanz bezieht, heißt das nichts anderes, als daß der Bürger als originärer Adressat politischen Handelns entmachtet wurde. Der Medienreflex tritt dann an die Stelle des Volkswillens, das geschriebene und gesendete Wort ersetzt den unmittelbaren Kontakt mit den Menschen. Auch das Parteiensystem, dem das Grundgesetz die entscheidende Rolle im politischen Willensbildungsprozeß zuerkennt, nimmt Schaden, wenn sich zuviel „Mediokratie" zwischen Wähler und Gewählte schiebt.

Die Auswahl von Kandidaten für politische Führungsämter, das Aufgreifen politischer Themen, die Vorbereitung und Begründung von Richtungsentscheidungen – all das, was ureigenste Parteienaufgabe ist, verliert an repräsentativer Kraft und Authentizität, wenn der Medienmarkt das politische Personen- und Warenangebot bestimmt.

Hinzu kommt der qualitative Aspekt. Politik ist ein schwieriges Geschäft. Die steuerliche Belastung so zu gestalten, daß Unternehmen ihre internationale Wettbewerbsfähigkeit nicht verlieren und der einzelne seine Leistungsmotivation bewahrt, erfordert ebensoviel Sachverstand wie Fingerspitzengefühl. Sozialpolitik zu betreiben und dabei das soziale Netz weder zu zerreißen noch zur Hängematte auszupolstern, ist nur möglich, wenn die Auswirkungen von Tausenden von Regelungen in Hunderten von Leistungsgesetzen überblickt werden. Um die nationale Gesetzgebung mit dem ständig wachsenden europäischen Normengerüst in Einklang zu bringen, bedarf es eines juristisch besonders beschlagenen Spezialistenheeres.

Tragfähige, zukunftsgerichtete Lösungen sind unter diesen Bedingungen nur als ein Prozeß des Prüfens, Abwägens und Argumentierens denkbar, der nicht zur Unzeit durch öffentliche oder lobbyistische Einflußnahme gestört werden darf. Die Behandlung von Gesetzesentwürfen in den Parlamentsausschüssen, das vorgeschriebene Anhören von Betroffenen, der öffentliche Diskurs über das Für und Wider – das alles hat aus guten Gründen dann zu geschehen, wenn die administrative Vorarbeit geleistet ist.

Tritt aber der Medienfaktor als vorgezogener Bewertungsmaßstab in Erscheinung, verändert sich der Charakter der Operation. Dem Diktum: *Das ist der Öffentlichkeit nicht zu vermitteln!* fallen Sacherwägungen zum Opfer, die Forderung: *Das muß rein, das kommt draußen gut an!* macht Unnötiges zum Dekret. Oft muß es gar nicht ausgesprochen werden – wenn Beamte wissen, daß ihr Minister so denkt, schnappt die Medienschere schon in ihrem Kopf zu.

Die Folge: Immer mehr Effekthascherei statt Effizienz bestimmt die Verwaltungsarbeit. Regierungen wollen schnelle, positive Schlagzeilen – nach Wahlen als Bestätigung, vor Wahlen als Stimulans der Wählerklientel. Wer im Beamtenkorps nicht mitzieht, gilt als unpolitischer Bedenkenträger und kann seine Karrierehoffnungen in den Wind schreiben.

Auch dies ist medienpolitisches *policy making*, wenn auch auf indirekte Art. Dafür geschieht es ungleich häufiger als die direkte Einmischung, und es hat fatalere Konsequenzen. Denn den Bürgern bleibt in der Regel verborgen, ob eine Entscheidung aus sach- oder aus medienpolitischen Gründen getroffen wurde. Und gerade im letzteren Fall kann die Reaktion der Presse durchaus positiv sein, eben weil sie von vornherein einkalkuliert war.

„Die Allgegenwart der Medien scheint Politiker immer häufiger zur symbolischen Politik zu verleiten“, heißt es in der Studie *„Beziehungsspiele – Medien und Politik in der öffentlichen Diskussion“*. „Adressaten symbolischer Politik sind nicht die Bürger, sondern die Journalisten, und ihr Inhalt ist weniger das effiziente politische Handeln als das Reden darüber ... Diese an die Journalisten adressierten Inszenierungen versuchen den Mediengesetzen sozusagen im Vorgriff gerecht zu werden und sind dabei oft erfolgreich."

Inszeniert werden Verwaltungsreformen, die kosmetische Korrekturen statt struktureller Verbesserungen zeitigen; Sparbeschlüsse, die von Ausgabensteigerungen an anderer Stelle aufgehoben werden (die Regierung Späth setzte einmal Anfang der achtziger Jahre medienwirksam das Ziel einer „Nullverschuldung" in die Welt – die Verschuldung des Landeshaushalts wuchs trotzdem weiter); Strafgesetzänderungen, mit denen gewalttätige Demonstranten leichter dingfest gemacht werden sollen und die doch zur Prävention, zur Abschreckung oder zum Schutz von Polizisten nicht taugen.

Inszeniert werden konjunkturelle Prognosen, an deren Widerlegung durch die Wirklichkeit sich später niemand mehr erinnern mag; überflüssige Technologieprogramme (deutsche Industrieunternehmen erhielten Milliardensubventionen zur Entwicklung von Megabit-Chips, obwohl schon bei der Vergabe klar war, daß der Vorsprung Japans auf diesem Gebiet uneinholbar sein würde); steuerpolitische Gefälligkeiten wie die Abschaffung des Soldaritätszuschlags, die wenige Jahre später wieder einkassiert werden.

Die Bürger zahlen fast immer die Zeche für politische *Public relations*-Aktionen. Sie erteilen Mandate, mit denen sie bestimmte sachliche Erwartungen verbinden, und erhalten medienorientierte Schönfärbereien. Sie wählen Programme und haben es anschließend mit Profilierungskünstlern zu tun, die selbstverliebt in den Pressespiegel schauen. Sie glauben, beim Blick in die Zeitung objektiv informiert zu werden und stehen doch nur am Ende einer Kommunikationskette, in deren Verlauf aus schwarz weiß werden kann. Oder heben sich am Ende Druck und Gegendruck, Verbiegen und Verbogenwerden auf, weil sie im ganzen zum Nullsummenspiel geraten? Reguliert sich das System öffentlicher Meinungsbildung selbst, indem es der Wahrheit als Mittelwert aller manipulativen Ausschläge zur einen oder zur anderen Seite hin schließlich doch zum Sieg verhilft?

In der Tat wird diese Meinung im kommunikationswissenschaftlichen Schrifttum vertreten, und sie kann sich auf eine lange Tradition berufen. Im Kern handelt es sich um die liberale Idee einer Pressefreiheit, die „stets das Gute schafft", auch wenn einzelne weniger Gutes im Schilde führen.

Geistiger Stammvater des Modells ist der englische Dichter und Politiker John Milton (1608 bis 1674), der mit seiner Schrift „Aeropagiatica" (1644) Generationen von Medien- und Demokratietheoretikern beeinflußt hat. Danach ist das Ergebnis öffentlicher Diskurse mehr als die Summe ihrer Irrtümer, Fehler und Schwächen, und gerade deren Publizierung sorgt dafür, daß sich die Wahrheit in Gestalt gemeinwohlorientierter politischer Entscheidungen letztlich durchsetzt.

Schon des ehrfurchtgebietenden Alters dieser Fiktion und ihrer Herkunft aus dem Mutterland der Meinungs- und Pressefreiheit wegen möchte man Milton gerne glauben.

Indessen: Die Sache würde nur dann funktionieren, wenn alle Akteure über annähernd dieselben Möglichkeiten verfügten, auf Meinungen mit Gegenmeinungen und auf Manipulationen mit Bloßstellungen zu reagieren. Zwischen Politik und Medien mag diese Waffen-gleichheit theoretisch in etwa vorhanden sein – wenn auch in der Praxis das wahre Stärkeverhältnis infolge der gegenseitigen Verflechtungen und Verfilzungen schwer einzuschätzen ist.

Das Publikum aber kann nicht mit gleicher Münze heimzahlen.

Ob ein lobender Artikel darauf beruht, daß der Ver-fasser bei der Bewerbung um einen redaktionellen Führungsposten politische Protektion genossen hat – wer weiß das schon? Daß hinter dem Verriß eines Poli-tikers möglicherweise enttäuschte Liebeshoffnungen einer Redakteurin zu suchen sind – wem fiele solches ein? Wer kennt die Parteizugehörigkeiten und -sympa-thien, die Zirkel und Stammtische, die Journalisten mit bestimmten Personen freundlicher umgehen lassen als mit anderen? Wer hat von der verlagsinternen Vorgabe gehört, einen Spitzenpolitiker möglichst wohlwollend zu behandeln? Welche Fakten Pressestellen in ihrer täg-lichen Produktion von Erfolgsmeldungen unterdrücken oder ungerechtfertigt hochjubeln: woher soll das der Leser wissen, wenn es sogar dem Journalisten verborgen bleibt, der ihm die Nachricht weiterreicht?

Es gibt keine Transparenz der Information*serzeugung* in unserem nahezu unbeschränkt leistungsfähigen Infor-mations-Transportsystem. Niemand außer den Urhebern weiß, welche Nachrichten korrekt hergestellt und objek-tiv verbreitet worden sind und welche nicht. Keine all-gemein anerkannte Medienethik existiert, kein politi-sches „Reinheitsgebot", auf das beim Bier soviel Wert gelegt wird, klärt den trüben Sud politischer Gärungs-prozesse. Was als Schlagwort einer *political correctness* aus den USA importiert wurde und kurzzeitig auch hierzulande Karriere machte, meinte nicht etwa eine politische Selbstverpflichtung zur Wahrheit, sondern die Abwehr allzu lästiger journalistischer Investigation.

Die unterschiedliche Behandlung materieller und geistiger Güter ist kurios und zugleich entlarvend für die doppelbödige Kultur, die unsere politische Elite geschaffen hat:

Abertausende von Fachleuten wachen darüber, daß Nahrungsmittel frei von schädlichen Zusätzen sind, daß gastronomische Betriebe die hygienischen Standards beachten, Maschinen den Sicherheitsbestimmungen genügen, Bauwerke statisch einwandfrei ausgelegt werden.

Wirtschaftskontrolldienste, Gewerbeaufsichtsämter, Technische Überwachungsvereine, Bauämter und Hunderte anderer Einrichtungen spannen ein dichtes Netz fachlicher Kontrollen über jede Art materieller Gütererzeugung und Dienstleistung. Ein Gesetz gegen unlauteren Wettbewerb verbietet irreführende Werbung in den Medien und falsche Warenkennzeichnungen in Schaufenstern.

Das ist gut so und schützt die Verbraucher vor Gesundheitsgefährdung und Übervorteilung.

Doch wer schützt eigentlich den Nachrichtenkonsumenten davor, sich bei seiner täglichen *geistigen* Nahrungsaufnahme mit Fehlinformationen zu infizieren? Wer macht sich Gedanken über die Statik politischer Wahlversprechen, bei denen sich mit unschöner Regelmäßigkeit die Balken biegen? Wo ist das Gesetz, das unlauteren politischen Wettbewerb verbietet und für Schaufensterreden eine fiskalische Kostenangabepflicht vorschreibt? Warum ist mangelnde Sauberkeit in politischen Großküchen nicht auch bußgeldbewehrt?

Öffentliche Informationen sind – erstaunlich genug in einem Staat, der sonst alles zu regeln weiß – nahezu gesetzesfreie Güter. Ihre Produktion steht in jedermanns Belieben, ihre Verbreitung bleibt dem Spiel der Kräfte überlassen, über ihren Erfolg entscheidet der Markt. Politische Verkäufer und publizistische Informationshändler leben, verglichen mit ihren Kollegen aus dem merkantilen Gewerbe, in einem Reservat frühkapitalistischen Unternehmertums. Ist das die Pressefreiheit, die wir meinen, wenn wir die Zeitung aufschlagen, das Radio andrehen, den Fernseher einschalten? Die Freiheit, über das Wie und Woher von Informationen selten etwas Genaues erfahren und uns dafür umso öfter zwischen Glaubenmüssen oder nicht Glaubenwollen entscheiden zu dürfen?

Ist das die öffentliche Meinungsbildung, in der das Bundesverfassungsgericht die vornehmste Aufgabe einer freien Presse sieht? Meinungsbildung, die sich in der Regel eben nicht vom Volk her zu den Staatsorganen vollzieht, wie es die Karlsruher Richter in mehreren Grundsatzurteilen idealisieren zu können glaubten, sondern deren Auslöser im politischen Alltag jede Menge inszenierter Pseudo-Ereignisse für Journalisten sind, die als Pseudo-Realitäten ans Publikum weitergegeben werden?

Und wie steht es bei alldem um die Würde des Menschen, die laut Artikel 1 des Grundgesetzes „unantastbar" ist? Setzt Würde nicht noch vor der körperlichen geistige Unversehrtheit voraus? Muß das Grundrecht der informationellen Selbstbestimmung, aus dem der persönliche Datenschutz abgeleitet wird, nicht ein Torso bleiben, wenn mit allgemeinen Daten sanktionslos manipuliert werden darf?

John Milton sei's geklagt: Sein Modell funktioniert nicht. Der unregulierte öffentliche Meinungsmarkt begünstigt nicht das Gute und Wahre, sondern das Reißerische, Grelle, die scheinheilige Pose, den vom Zaun gebrochenen Konflikt. Wahrheitsfindung durch medienpolitische Selbstregulation ist die Ausnahme; Wahrheitserfindung als politisch-medialer Spiralprozeß, der sich in die Köpfe von Millionen Menschen bohrt, bestimmt unsere informationelle Umwelt.

Milton selbst dürften im übrigen auch schon Zweifel an der Richtigkeit seiner Thesen beschlichen haben: Seine Bücher wurden von der Obrigkeit verbrannt, ihr Verfasser landete im Gefängnis.

... und leider nur wenige Antworten

Demokratie ist, nach Winston S. Churchill, die beste aller schlechten Staatsformen, die wir kennen. Deshalb ist es niemals vergeblich, sich darüber Gedanken zu machen, wie sie etwas weniger schlecht beschaffen sein könnte.

Dafür muß zunächst einmal genügend Bereitschaft geweckt werden. Es ist kaum anzunehmen, daß aus der „Mitte der Politik", egal wo sie parteienmäßig steht, Initiativen ergriffen werden, die den Bürger als Informationskonsumenten aufwerten. Warum sich selbst Fesseln anlegen, wenn das Agieren *coram publico* die Basis für Macht und Erfolg ist?

Anstöße müssen folglich von woandersher kommen. Beispielsweise von den Medien, die sich viel zu oft als „apportierende Pawlowsche Hunde" (Wolf Schneider) mißbrauchen lassen. Oder von der Kommunikations- und Politikwissenschaft, die lieber zum hundertsten Mal

167

Fallstudien zur Rezipientenforschung durchführt, als sich empirisch an das heiße Eisen politisch-medialer Beeinflussungsstrategien heranzuwagen. Ganz sicher haben Jurisprudenz und Rechtsprechung bislang nicht genug getan, um den Schutz einer freien Meinungsbildung, die der freien Meinungsäußerung notwendig vorgelagert ist, zu verstärken. Und natürlich dürfen es sich auch die Bürger selbst in der politischen Apathie des „So ist es nun mal" nicht allzu bequem machen.

Versuchen wir also abschließend einige ermunternde Aufforderungen zum informationellen Ungehorsam – wohlwissend, daß die Zahl ungelöster Fragen die Bandbreite möglicher Antworten um einiges übersteigt.

Erstens: *Journalisten sollten gegenüber politischen Äußerungen generell kritischer sein und sich bei der Frage, was sie wie weitergeben, mehr Unabhängigkeit gestatten.*

Viele Pressemitteilungen und Stellungnahmen sind inhaltsleer. Sie werden allein deshalb produziert, damit bestimmte Personen namentlich in den Medien erscheinen. Oft wollen sie nur Stimmungen erzeugen, Bekanntes aufwärmen und Aktivitäten vortäuschen. Ihr Wortschwall steht im umgekehrten Verhältnis zum Informationsgehalt. Niemand außer den Urhebern erlitte irgendwelche Nachteile, wenn Derartiges nicht veröffentlicht würde. Kein Abonnent wechselt die Zeitung, weil das Konkurrenzblatt Platitüden verbreitet: Es passiert genügend Interessantes, mit dem sich Seiten füllen lassen. Wohl aber würde der Druck auf die Politik, sich inszenierter Medienereignisse zu enthalten, wachsen, wenn öfter nach dem Motto „Namen allein sind noch keine *news,* es kommt auf die Inhalte an" verfahren würde.

Meint eine Redaktion dennoch, etwas veröffentlichen zu müssen, um ihrer Informationspflicht zu genügen, so ist damit noch lange nicht gesagt, *wie* sie es zu tun hat. Den Text des Absenders einfach zu übernehmen, ist zwar die schnellste, selten aber die beste Methode.

Ein wörtliches Zitat sollte überhaupt nur Verwendung finden, wenn der Journalist es selbst gehört hat. Sprachliche Aufgeblasenheiten wie „erklären", „betonen", „bekräftigen", „unterstreichen" haben in Nachrichtenmeldungen nichts zu suchen, weil sie parteiisch sind. Die gute Übung anglo-amerikanischer Medien, selbst Präsidenten und Premiers nur etwas „sagen" zu lassen, sollte auch für deutsche Schreiber Richtschnur sein.

Auch sonst wäre dem Leser und Hörer sehr damit gedient, wenn der Journalist weniger auf der Verlautbarungs- denn auf der Empfängerseite stünde.

Warum werden beispielsweise Agenturberichte, zu denen es Erläuterndes oder Kritisches zu sagen gäbe, nicht öfter durch kurze redaktionelle Meinungsäußerungen ergänzt? Kommentare haben in Deutschland immer noch den Rang journalistischer Weihestücke, die redaktionsintern nur von wenigen dazu Berufenen verfaßt werden dürfen, weswegen sie häufig mehr Profilierungs- als Informationscharakter besitzen. Wesentlich effektiver wären aber kleine, unprätentiöse Info-Schlaglichter, in denen jeder Journalist sein Wissen um Zusammenhänge und Hintergründe pointiert an die Leser weiterreichen könnte – etwa durch den Hinweis, daß es sich bei einer groß angekündigten „Initiative" in Wahrheit um den Zusammenschnitt bekannter Tatsachen handelt, oder daß ein überraschender politischer „Angriff" in verdächtiger Nähe zu einem Parteitag gestartet wird.

Vieles, was bundes- und landespolitisch verkündet wird, ließe sich zudem in einem Tagesüberblick zusammenfassen, statt es auf ein halbes Dutzend Artikel zu verteilen, die Wichtigkeit heischen. Pressestellen walzen einfache Sachverhalte auf vier DIN-A4-Seiten aus, um Journalisten zu signalisieren, daß sie mindestens einen Zweispalter erwarten – und die meisten Journalisten richten sich danach. So wird Bedeutung gekünstelt.

Würde man dagegen Zweit- und Drittrangiges auf einen straffen Nachrichtenblock konzentrieren, wäre das dem realen Stellenwert der Mitteilungen angemessen, und es ließen sich darüber hinaus manche interessanten Querverbindungen aufzeigen.

Zweitens: *Journalisten sollten mehr Gespür dafür entwickeln, wann sie als Machtfaktor benutzt werden und wann sie selbst Machtfaktor sind.*

Hintergrundgespräche, Exklusivinformationen, repräsentative Einladungen, Reisen, Geschenke, Orden haben einen gemeinsamen Nenner – sie versuchen, Journalisten zu instrumentalisieren. Gerade bei solchen Anlässen muß das journalistische Gewissen hellwach sein. Wo Eitelkeit im Spiel ist, zieht der Leser regelmäßig den kürzeren. Deshalb sollte die Recherche umso gründlicher ausfallen, je bevorzugender die Begleitumstände politischer Informationsangebote ausfallen.

Aber auch die eigene journalistische Machtstellung bedarf der selbstkritischen Reflexion. Wenn ein Politiker ersichtlich nur deshalb ein Thema aufbringt, weil er annimmt, daß die Medien darauf „anspringen", ist das kein Grund, sich geschmeichelt zu fühlen, sondern es muß als pflichtwidriger Opportunismus gebrandmarkt werden. Dasselbe gilt natürlich auch für den umgekehr-

ten Fall, daß Sachentscheidungen wegen zuviel Medien-
ängstlichkeit verzögert oder ganz ausgesetzt werden.

Bestimmte politische Ergebnisse mit missionarischem
Eifer herbei- oder hinwegschreiben zu wollen, sollten
sich Journalisten im Tagesgeschäft (bei prinzipiellen
Auseinandersetzungen um demokratische Werte mag anderes gelten) grundsätzlich versagen – sie sind dazu weder
legitimiert, noch besitzen sie in der Regel das dafür er-
forderliche Fachwissen. Vor allem aber können Journalisten, anders als gewählte Politiker, nicht per Stimmzettel
für die Folgen ihres Tuns demokratisch haftbar gemacht
werden. Und auf die Gefahren einer Machtausübung, der
keine adäquaten Sanktionsmöglichkeiten gegenüberstehen, dürfte eigentlich niemand sensibler reagieren als die
freie Presse selbst. Auch der Versuchung, einzelne Politiker zu protegieren und andere „wegzubeißen", indem man
ungleiche handwerkliche Meßlatten für Aufmerksamkeit,
Lob und Tadel auflegt, widerstehen gute Journalisten konsequent. Wählermehrheiten, nicht Berufsgruppen bestimmen in einer Demokratie.

Drittens: *Die Medienentwicklung sollte zum Gegenstand periodischer öffentlicher Berichterstattung gemacht werden.*

Daß Informationserzeugung umso transparenter erfolgen kann, je klarer die politischen, ökonomischen und
professionellen Strukturen der Informationserzeuger zutage liegen, ist unmittelbar einsichtig. Leider zeigen die
Medien wenig Neigung, die Öffentlichkeit, die sie herstellen und nutzen, auch auf sich selbst anzuwenden.

Alle öffentlich-rechtlichen Rundfunkanstalten haben
sich verbissen dagegen gewehrt, ihr wirtschaftliches oder
unwirtschaftliches Finanzgebaren von Rechnungshöfen

durchleuchten zu lassen. Kaum ein Zeitungsimperium gibt freiwillig Rechenschaft über seine Verflechtungen mit anderen Verlagen, Rundfunk- und Fernsehbetreibern. Es ist deshalb dem *Rat der Evangelischen Kirche in Deutschland* zuzustimmen, daß ein Gremium unabhängiger Experten zur Begutachtung der Medienentwicklung wünschenswert wäre. In Gestalt eines jährlichen „Weißbuchs" könnten die Sachverständigen strukturelle Veränderungen des Mediensystems untersuchen und Gefährdungen für Vielfalt, Objektivität und Qualität der Berichterstattung aufzeigen. Was der Konjunktur, dem Datenschutz und der inneren Sicherheit an Beobachtungsfleiß zugute kommt, sollte dem Informationsgeschehen nicht vorenthalten werden – schon gar nicht in einem Gemeinwesen, das sich inzwischen als Informationsgesellschaft versteht.

Auch der Gedanke, ein „öffentliches Gewissen" zur medienethischen Standortbestimmung zu schaffen, verdient Unterstützung. „Wenn es eine Stiftung *Warentest* und anderes gibt, warum nicht eine Stiftung *Ethik des Journalismus?* " fragt der Kommunikationswissenschaftler Hermann Boventer in einem Beitrag für die Beilage *„Aus Politik und Zeitgeschichte"* zur Wochenzeitung *Das Parlament* (Oktober 1993). Eine derartige Institution würde zudem der Kommunikationswissenschaft neue Impulse und vertiefte Einblicke in praktische Handlungsabläufe vermitteln – beides benötigt sie dringend.

Viertens: *Das Informationsverhalten der Parteien, der Bundesregierung und der Landesregierungen sollte von unabhängigen, ehrenamtlich tätigen „Informationsbeauftragten" bewertet werden.*

Politische Apparate zählen, wie anhand etlicher Beispiele gezeigt wurde, zu den wichtigsten und zugleich problematischsten Nachrichtenproduzenten. Ihr immenser Aktionismus ist darauf angelegt, die Medien selbst zu mediatisieren – weshalb deren Kontrollfunktion zwar unabdingbar, aber nicht immer ausreichend ist. Letztlich zielt politische Presse- und Öffentlichkeitsarbeit jedoch stets auf die Bürger. Den Bürgern Ombudsmänner und -frauen zur Seite zu stellen, die ihr Recht auf eine freie Meinungsbildung wahren helfen, erscheint deshalb nur logisch und sachgerecht.

Solche *Informationsbeauftragten* sollten für den Bund vom Präsidium oder Ältestenrat des Bundestags, für die Länder von den entsprechenden Gremien der Landtage bestellt werden. Sie müßten ehrenamtlich arbeiten, um keinen beruflichen oder finanziellen Zwängen ausgesetzt werden zu können, sollten jedoch über genügend Zeit verfügen, ihre Aufgabe intensiv wahrzunehmen. Beispielsweise könnte es sich um angesehene, aus dem aktiven Dienst ausgeschiedene Persönlichkeiten des öffentlichen Lebens oder der Kirchen handeln.

Informationsbeauftragte können sowohl aus eigener Initiative als auch auf Ersuchen eines jeden Bürgers tätig werden. Ihr Ziel wäre es, verfälschende Darstellungen, manipulierende Einwirkungen, suggestive Bild- und Tondokumente aufzuspüren und öffentlich zu rügen. Als Adressaten ihrer Recherche kommen politische *und* mediale Kommunikatoren in Betracht. Im Fall des Pressesprechers, der in Personalunion als Agenturkorrespondent agierte, wäre also die Pressestelle ebenso abzumahnen wie die Nachrichtenagentur. Exekutive Befugnisse besäßen die informationellen Interessenwahrer nicht, wohl aber ein

Auskunftverlangen, das durch die allgemeinen Gesetze zum Persönlichkeits- und Datenschutz begrenzt wäre. Würden Auskünfte unter Berufung auf Artikel 5 Grundgesetz (Meinungs- und Pressefreiheit) verweigert, wäre – notfalls verfassungsgerichtlich – eine Güterabwägung zwischen dem Recht zur Meinungsäußerung und dem Schutz einer freien Meinungsbildung vorzunehmen.

Die wichtigste Wirkung dieser *Informationsbeauftragten* bestünde zunächst einmal darin, daß sie existieren; Nachrichtenmanipulateure hätten unangenehme Nachfragen und gegebenenfalls öffentliche Kritik zu gewärtigen. Zusammen mit einem *Sachverständigenrat für Medienentwicklungen* und einer Stiftung *Ethik des Journalismus* ließe sich darüber hinaus aber ein öffentliches Bewußtsein für den Rang wahrheitsgemäßer Informationserzeugung schaffen, das wie beim Daten- und Umweltschutz viele Regelverletzungen präventiv ausschließen würde.

Fünftens: *Rechtsprechung und Rechtswissenschaft müssen den Schutz der Informationsrezipienten wirkungsvoller ausgestalten.*

Die bisherige Rechtsprechung zur Meinungs- und Pressefreiheit legt das Schwergewicht auf die Gewährleistung der „klassischen" individuellen und institutionellen Rechte derer, die Nachrichten und Meinungen herstellen. Demgegenüber wird der Anspruch der Informationsnutzer auf tatsachengerechte Unterrichtung stiefmütterlich behandelt, obwohl er für die subjektive Meinungsbildung ebenso konstitutiv ist wie für den gesellschaftlichen Willensbildungsprozeß.

Dieses Ungleichgewicht ist aus zweierlei Gründen nicht länger hinnehmbar: Zum einen ist die (schon immer problematische) Annahme, der äußere und innere Pluralismus der Medienlandschaft verbürge eine ausreichende Fülle objektiver Informationsmöglichkeiten, durch das überbordende Medienangebot endgültig zur Fiktion geworden. Nicht der potentielle Ganztagesleser, -seher und -hörer bildet den Maßstab, sondern der Normalbürger, der auch aus *einer* Zeitung und *einer* Nachrichtensendung objektiv richtige Informationen schöpfen können muß.

Zum anderen hat sich das Verhältnis von Politik und Presse grundlegend gewandelt. „Journalisten sind nicht mehr nur eine Kontrollinstanz der Politiker, sondern eine Konkurrenz im Kampf um die politische Macht ... Damit haben sich die Machtverhältnisse zwischen Politik und Journalismus erheblich verschoben" (*Fischer Lexikon, Publizistik / Massenkommunikation, S. 69*).

Journalisten schaffen Gegenwelten, die so real und bestimmend sein können, daß sie politische Entscheidungsprozesse stärker verändern als ein noch so großer Wählerwille (siehe das Beispiel der publizistisch „umgedrehten" Pro-Kernkraft-Mehrheit). Oder sie zementieren, indem sie an ihnen partizipieren, vorhandene Machtstrukturen in einer Weise, daß jede Opposition gegen politisch-mediale Machtkartelle von vornherein aussichtslos erscheint.

„Wer in den Medien nicht vorkommt, der erlebt seine Ohnmacht angesichts der vielgepriesenen Freiheit als noch viel belastender als unter einer Diktatur, von der man nichts anderes erwarten konnte", sagte der Ministerpräsident von Sachsen-Anhalt, Reinhard Höppner, im April 1993 auf einem medienpolitischen Kongreß in Magdeburg. Meinungsbildungsfreiheit kann folglich nicht mehr nur heißen, ungehindert auf allgemein zugängliche Quellen zugreifen zu können. Die Quellen selbst müssen klarer werden – in den Medien wie in der Politik. Es gibt keinen Grund, das Recht einzelner auf politische oder publizistische Manipulation höher einzustufen als das Recht der Allgemeinheit, sich dagegen zu verwahren.

Das Bundesverfassungsgericht sollte sich nicht scheuen, als Ausfluß der Artikel 5 (Meinungsfreiheit) und Artikel 1 (Menschenwürde) des Grundgesetzes ein *Grundrecht auf informationelle Transparenz* anzuerkennen. Es würde für mehr politische und publizistische Integrität sorgen als alle Sonntagsreden zusammen.

Im übrigen ist daran zu erinnern, daß es schon einmal den „Entwurf eines Gesetzes zum Schutze freier Meinungsbildung" gegeben hat. Er wurde 1968 von profilierten Juristen wie Otto Bachof und Jürgen Baumann, bekannten Publizistik-Wissenschaftlern wie Gerd Roellecke und prominenten Politikern wie dem früheren Bundesinnenminister Werner Maihofer vorgelegt – und, selbstverständlich, von den Parteien ignoriert.

Ein neuer Anlauf könnte womöglich nicht mehr so leicht totgeschwiegen werden.

Sechstens: *Die Bürger müssen ein neues medienpolitisches Bewußtsein entwickeln.*

Kritik an der Politik äußert sich derzeit vorwiegend im Abschalten, Kritik an den Medien durch Umschalten von Programmen. Das führt zu staats- wie medienpolitisch verhängnisvollen Reaktionen. Die politisch Passiven machen aktivere Minderheiten ungewollt zu Mehrheitsbeschaffern. Und die Medienfrustrierten überlassen das Feld kampflos den kulturell dickfelligsten Quotenfetischisten unter den Programmplanern. Den Bürgern muß bewußt werden, wie abhängig sie von ihrer Informationsumwelt geworden sind und wie stark diese Abhängigkeit in ihre persönliche Lebenssphäre eingreift. Sie müssen erkennen, daß ihre Unmündigkeit selbstverschuldet ist und bleibt, wenn sie die Dinge treiben lassen wie bisher.

Es ist schön, daß es einen *Verband der Postbenutzer* gibt, der bei jeder Gebührenerhöhung aufschreit und damit Politiker und *Telecom* beeindruckt. Warum gibt es keinen *Verband der Medienbenutzer*, der auf Zumutungen politischer oder programmlicher Art mit Entschiedenheit reagiert? Warum regen uns Umweltzerstörungen auf, Kulturzerstörungen aber nicht? Wieso begegnet jede größere Straßenplanung ihrer Bürgerinitiative, während die Fernsehkanal-Planer unbehelligt auch noch die letzten intakten Geschmacksnerven abtöten dürfen?

Die meisten Antworten, die zur Erklärung dieses Phänomens angeboten werden, zeugen von einem tiefen Kulturpessimismus. „Der Zustand der Medien entspricht dem Zustand der Zivilisation", befand Claus Jacobi in der *Welt* (19.1.1993). Für den amerikanischen Kommunikationswissenschaftler Paul Taylor ist der *Circus Maximus* ein *Circulus vitiosus*, ein Teufelskreis, aus dem es kein Entrinnen gibt, weil alle Akteure einschließlich des Publikums nicht anders handeln können als sie es tun (Paul Taylor, *See How They Run*, New York 1990).

„Ja dann –", würde Kurt Tucholsky dem „verehrten Publikum" zurufen, „dann verdienst du's nicht besser!"

So leicht wollen wir uns denn doch nicht geschlagen geben. Die Informationsgesellschaft hat gerade erst begonnen. Neue Technologien eilen, wie immer, ihrer gesellschaftlichen und moralischen Bewältigung voraus. Ihre Spielregeln werden, wie immer, zunächst von den politisch und ökonomisch Mächtigen festgelegt, während die Menge noch die Spielzeuge bestaunt. Ihre Strukturen sind, wie immer, am Anfang ungeordnet, was Manipulationen und Skrupellosigkeiten Tür und Tor öffnet.

Doch irgendwann regt sich Gegenwehr. Irgendwann hört die Mehrheit auf zu schweigen, fangen einzelne an, ihre Interessen gegen übermächtig scheinende Kartelle durchzusetzen. Und jeder kann dazu beitragen, daß aus irgendwann *bald* wird.

Die manipulierte Öffentlichkeit ist eine Momentaufnahme der Gegenwart. Zukunft hat sie nicht.

Epilog

Zwei Feststellungen müssen abschließend noch getroffen werden.

Die Konzentration der Betrachtungen auf das Verhältnis von Politik und Medien *in Deutschland* darf nicht zu dem Schluß verführen, in anderen Staaten wäre es um die Achtung der Integrität von Mediennutzern wesentlich besser bestellt. Dem ist nicht so.

Eine im wahrsten Wortsinne generalstabsmäßige Irreführung der Öffentlichkeit, wie sie die US-Armeeführung im Golfkrieg vorexerzierte, hat hierzulande kein Pendant. Auch die Medienzentrierung amerikanischer Präsidentschafts-Wahlkämpfe läßt deutsche Politstrategen trotz aller Bemühungen immer noch wie Klippschüler eines professionellen Marketings aussehen.

Die deutsche *Yellow Press* ist ungeachtet ihrer Trivialität eine für Mädchenpensionate geeignete Lektüre, vergleicht man sie mit britischen Blättern, in denen der Voyeurismus zum Pflichtfach journalistischer Schmuddelschulen erhoben wurde. Der medienpolitische Bonner Klüngel mutet nachgerade gemütlich an, setzt man ihn in Relation zum japanischen Filz von über fünfhundert Presseclubs, die das herrschende Parteisystem bedingungslos-nationalistisch unterstützen.

Eine karrieristische Dubiosität wie der Aufstieg des Italieners Silvio Berlusconi vom privaten Fernsehmogul zum Ministerpräsidenten scheint bei uns – vorerst – noch ausgeschlossen (der frühere amerikanische Präsident Lyndon B. Johnson besaß allerdings auch schon seine eigene Fernsehstation).

Ganz zu schweigen von Diktaturen, fundamentalistisch geführten Regimen und Saubermänner-Staaten, die westliche Besucher gern mit glänzenden Fassaden beeindrucken. Der Stadtstaat Singapur bestraft Vergehen gegen die Zensur genauso drakonisch wie das Wegwerfen von Zigarettenkippen. In China werden unerwünschte Kundgebungen auf dem *Tien An Men*-Platz Pekings rigoros totgeschwiegen, Demonstranten verhaftet, Filme beschlagnahmt. In der Türkei sitzen mehr Journalisten in Gefängnissen als in jedem anderen Land der zivilisierten Welt.

Das deutsche Pressewesen schneidet international gesehen gut ab. Deutsche Politiker enthalten sich in der Regel jener einschüchternden Brachialität, die viele ihrer ausländischen Kollegen als Mittel zur Informationssteuerung besonders schätzen. Daß trotzdem auch bei uns manches im argen liegt, ist kein Widerspruch zum übrigen Befund. Gewalt ist verabscheuungswürdig, ihr Fehlen aber kein Freibrief für Manipulatoren.

Auch subtile und verdeckte Angriffe auf die Mündigkeit der Bürger gefährden die Freiheit. Dem gilt es vorzubeugen.

Ein zweites: Etliche der in diesem Buch angeführten Beispiele beziehen sich auf das Land *Baden-Württemberg*. Das hängt schlicht mit der Autobiografie des Autors zusammen, der hier die meisten Erfahrungen sammeln konnte. Irgendeine politische Wertung ist damit nicht verbunden. Das Beziehungsdickicht zwischen Politik und Medien wuchert anderswo genauso; es ist ein prinzipielles Problem, kein regionales.

Niemand wird im übrigen so naiv sein anzunehmen, daß der Autor in seiner Zeit als Pressereferent und Regierungssprecher nicht auch auf der partei- und medienpolitischen Klaviatur gespielt hätte. Er wäre sonst seiner Funktion, zu der er sich uneingeschränkt bekennt, nicht gerecht geworden. Trotzdem muß es erlaubt sein, mit dem Abstand, den ein Rückblick gewährt, kritische Überlegungen zu verbinden. Sie dürfen gleichermaßen als *Selbstkritik* gewertet werden.

Fußnote: Gegen Ende meiner Amtszeit als Regierungssprecher sagte mein Chef Lothar Späth zu mir: „Sachlich machen Sie Ihren Job prima. Aber im Verein ‚Saufen und Kungeln' haben Sie Defizite!"

Damals hat mich das geärgert. Heute nicht mehr.

Literaturhinweise

Aus Gründen einer besseren Lesbarkeit wurde im Text nur auf wenige Bücher und Schriften verwiesen. Sie sind hier, zusammen mit einigen anderen empfehlenswerten Publikationen, aufgeführt. Weitere Literaturnachweise finden sich in den meisten der genannten Werke.

Beger, R. / Gärtner, H.-D. / Mathes, R.: *Unternehmenskommunikation. Grundlagen, Strategien, Instrumente*. Frankfurt a. M., Wiesbaden, 1989.

Bentele, G. / Ruoff, R. (Hrsg.): *Wie objektiv sind unsere Medien?* Frankfurt a. M., 1982.

Bergsdorf, Wolfgang: *Die vierte Gewalt. Einführung in die politische Massenkommunikation*. Mainz, 1980.

Biege, Hans-Peter (Hrsg.): *Massenmedien in Baden-Württemberg*. Stuttgart, in Verbindung mit der Landeszentrale für politische Bildung Baden-Württemberg, 1990.

Born, M. / Bertsch, B.: *Die Maultaschen Connection*. Göttingen, 1992.

Boventer, Hermann: *Pressefreiheit ist nicht grenzenlos. Einführung in die Medienethik*. Bonn, 1989.

Boventer, Hermann: *Ohnmacht der Medien. Die Kapitulation der Medien vor der Wirklichkeit*. In: Aus Politik und Zeitgeschichte, Beilage zur Wochenzeitung *Das Parlament* (B 40/93), S. 27 - 35.

Bundeszentrale für politische Bildung: *Privat-kommerzieller Rundfunk in Deutschland. Entwicklungen, Forderungen, Regelungen, Folgen*. Bonn, 1992.

Donsbach, W. / Jarren, O. / Kepplinger, H. M. / Pfetsch, B.: *Beziehungsspiele – Medien und Politik in der öffentlichen Diskussion. Fallstudien und Analysen.* Gütersloh 1993.

Finke, Heinz-Peter: *Mit gespitzten Ohren in Bonner Kreisen und Zirkeln. Wo Medien und Politik sich begegnen.* In: *Südwestpresse: Südwest Magazin.* 23. 5. 1992.

Noelle-Neumann, E. / Schulz, W. / Wilke J. (Hrsg.): *Fischer Lexikon: Publizistik / Massenkommunikation.* Frankfurt a . M., 1989.

Geißler, Rainer: *Massenmedien, Basiskommunikation und Demokratie.* Tübingen, 1973.

Jakobs, Hans-Jürgen: *Haie, Schlangen, Elefanten. Der Machtkampf der Mediengiganten um die Vorherrschaft in Europa.* In: *Spiegel Special* TV Total (8/1995), S. 34 - 39.

Kafka, Franz: *Vor dem Gesetz.* In: Brod, Max (Hrsg.): *Franz Kafka, Gesammelte Werke* (Band 4), Taschenbuchausgabe in sieben Bänden. Frankfurt a. M., 1976.

Karschöldgen, I. / Küppersbusch, F.: *Die Medien-Machiavellis. Wie Prominente und Politiker ins Fernsehen kommen.* In: *Spiegel Special* TV Total (8/1995), S. 42 - 46.

Kierkegaard, Sören: *Tagebücher, Band 1-5.* Düsseldorf, 1962 - 1974.

Kleinsteuber, Hans J.: *Rundfunkpolitik. Der Kampf um die Macht über Hörfunk und Fernsehen.* Opladen, 1982.

Laubig, Rainer: *Der Ministerpräsident entdeckt seine Liebe zum Fernsehen. Erwin Teufel protestiert gegen zu geringe Präsenz auf der Mattscheibe – Landesschau-Redaktion verärgert.* In: *Stuttgarter Zeitung* Nr. 114, 18. 5. 1995.

Leinemann, Jürgen: *Ritchie und Rita und ich.* In: *Spiegel Special* Die Journalisten (1/1995), S. 76 - 79.

Meyn, Hermann: *Massenmedien in der Bundesrepublik Deutschland. Alte und neue Bundesländer.* Berlin, 1992.

Mills, Charles W.: *Die amerikanische Elite.* Hamburg, 1962 (deutsch).

Musil, Robert: *Aphorismen.* In: Frisé, Adolf (Hrsg.): *Robert Musil, Gesammelte Werke (Band 7) in neun Bänden.* Reinbek bei Hamburg, 1978.

Projektgruppe am Institut für Kommunikationswissenschaft der Universität München: *Politische Kommunikation. Eine Einführung.* Berlin, 1976.

Pross, Harry: *Politische Symbolik. Theorie und Praxis der öffentlichen Kommunikation.* Mainz, 1974.

Radunski, Peter: *Wahlkämpfe. Moderne Wahlkampfführung als politische Kommunikation.* München / Wien, 1980.

Riesman, David: *Die einsame Masse.* Hamburg, 1958.

Sarcinelli, Ulrich: *Massenmedien und Politikvermittlung – eine Problem- und Forschungsskizze.* In: *Rundfunk und Fernsehen* (4/1991), S. 469 - 486.

Schatz, H. / Lange, K. (Hrsg.): *Massenkommunikation und Politik. Aktuelle Probleme und Entwicklungen im Massenkommunikationssystem der Bundesrepublik Deutschland.* Frankfurt a. M., 1982.

Schelsky, Helmut: *Politik und Publizität.* Stuttgart, 1983.

Schneider, Wolf: *Unsere tägliche Desinformation. Wie die Massenmedien uns in die Irre führen.* Hamburg, 1984.

Schneider, Wolf: *Lingua Blablavita.* In: *Spiegel Special* Die Journalisten (1/1995), S. 115 - 117.

Schulz, Winfried: *Medienwirklichkeit und Medienwirkung. Aktuelle Entwicklungen der Massenkommunikation und ihre Folgen.* In: Aus Politik und Zeitgeschichte, Beilage zur Wochenzeitung *Das Parlament* (B 40/93), S. 16 - 26.

Schütz, Hans Peter: *Der deutsche Einigungsprozeß. Waren die Bonner Journalisten überfordert?* Typoskript eines am 18. 12. 1990 in Villingen-Schwenningen gehaltenen Vortrags.

Taylor, Paul: *See How They Run. Electing the President in an Age of Mediocracy.* New York, 1990.

Zach, Manfred: *Die manipulierte Öffentlichkeit.* In: *Mut – Forum für Kultur, Politik und Geschichte* (12/1994), S. 6 - 17.

Zach, Manfred: *Zwergenland oder: Wozu noch Landespolitik?* In: *Mut – Forum für Kultur, Politik und Geschichte* (6/95), S. 22 - 33.

Zudeick, Peter: *Ein Schmiergeld namens Nähe. Die politischen Wahlverwandtschaften der Bonner Journalisten.* In: *Transatlantik* (1987), S. 1.

Zur Person des Autors

Manfred Zach wurde 1947 in Bad Grund (Harz) geboren. Nach dem Abitur in Speyer arbeitete er zunächst als freier Mitarbeiter für verschiedene südwestdeutsche Zeitungen und für den Südwestfunk Mainz. Sein Jurastudium in Heidelberg schloß er 1972 mit dem Ersten und 1974 mit dem Zweiten juristischen Staatsexamen ab. Nach kurzer Tätigkeit als Justitiar im Regierungspräsidium Stuttgart wurde Zach 1975 vom damaligen baden-württembergischen Ministerpräsidenten Dr. Filbinger als Pressereferent ins Staatsministerium berufen. Unter Filbingers Nachfolger Lothar Späth übernahm er zusätzlich die Aufgaben eines Grundsatzreferenten und wirkte an verschiedenen Publikationen Späths mit. 1986 wurde Zach zum Leiter der Abteilung Grundsatz und Politische Planung im Stuttgarter Staatsministerium bestellt. Ende 1987 ernannte ihn Ministerpräsident Späth zum Sprecher der baden-württembergischen Landesregierung. Dieses Amt übte er bis zu Späths Rücktritt Anfang 1991 aus.

Heute ist Zach als Ministerialdirigent Leiter der Verwaltungsabteilung und Personalchef im baden-württembergischen Sozialministerium. Er veröffentlichte in den letzten Jahren eine Reihe von europa- und technologie-politischen Beiträgen sowie Aufsätze zum Verhältnis von Politik, Verwaltung und Medien.

Hiermit bestelle ich .... Exemplar(e)

Die manipulierte Öffentlichkeit

Politik und Medien im Beziehungsdickicht

zum Stückpreis von 29,80 DM. Der Rechnungsbetrag liegt als Scheck bei / wird sofort nach
Eingang der Rechnung überwiesen.

Meine Adresse (bitte gut leserlich): ....

....

* * *

Senden Sie auf meine Rechnung (meine Adresse habe ich oben angegeben) an folgende
Personen je ein Exemplar **„Die manipulierte Öffentlichkeit"**:

1.) ....

2.) ....

3.) ....

4.) ....

Postkarte

In gleicher Ausstattung im MUT-Verlag erschienen:

Präsident Herzhaft
Ein Porträt des Bundespräsidenten
von Peter Keller

192 Seiten mit farbigen Abbildungen, 29,80 DM

ISBN 3-89182-064-X

*

Ich bestelle hiermit:

...... Expl. **Präsident Herzhaft**

Meine Adresse:

....

....

....

....

MUT-Buchdienst

Postfach 1

D-27328 ASENDORF